7つの神話との決別

21世紀の教育に向けたイングランドからの提言

デイジー・クリストドゥールー 著
松本佳穂子、ベバリー・ホーン 監訳
大井恭子、熊本たま 訳

Seven Myths About Education

by Daisy Christodoulou

東海大学出版部

Seven Myths About Education by Daisy Christodoulou

Copyright © 2014 D. Christodoulou
All Right Reserved.
Authorized translation from English language edition published by
Routledge, a member of the Taylor & Francis Group LLC.
through Japan UNI Agency, Inc., Tokyo

日本の読者へ

　私は2007年にイングランドで教職の訓練を受けた時,以下のようなことを教わりました。「子供にとって事実は教えられるより発見する方がよい。子供は本物の,現実社会を反映したプロジェクトに取り組むことで最も効果的に学ぶものだ。学校や伝統的な科目間の境界線は,私たち誰もが内に持っている自然な創造性を押さえ込むサイロ（知識の貯蔵庫）のようなものである」と。そして特に次の点が強調されました。「知識の総体は,数年のうちに時代遅れになり使い物にならなくなるから,それを教える意味は全くない。"何"を教えるのではなく,"どのように"を教えるのだ。"退屈なドリル"と"板書と説明"は生徒を受け身にし,意欲を奪う」と。

　本書『7つの神話との決別—21世紀の教育に向けたイングランドからの提言』の中で,私はイングランドの教育では支配的であるこのような考え方が,誤りであることを徹底的に提示しています。ほとんどの場合,それらと正反対の考え方の方が正しいという堅固な根拠があります。発見学習は非常に非能率的かつ非効果的です。現実世界の本格的なプロジェクトを授業に持ち込むことは,作業記憶に負担をかけ過ぎ,生徒を混乱させます。スキルは領域に特化しており,長期記憶にしっかり蓄えた,よく整理された知識に依存しています。熟練には,意図的な練習——「ドリル」と呼んでもいいでしょう——が必要です。つまり,教師による直接指導の方が生徒の学力達成と自尊心のためによいというのが真実なのです。

　私が神話と呼んだものは,まとめて「進歩主義的教育」と呼ばれ,イングランドでは私は「伝統主義者」とされています。「進歩主義的」とか「伝統主義者」といった表現はこの議論の役には立ちません。これらの神話には,先進,

最先端，進歩主義的なところは全くなく，相当昔からあったものです。例えば，ジャン＝ジャック・ルソーは18世紀に同じような考えを持っていました。対照的に，そういう考えが間違いであることを証明する証拠こそが新しいのです。最近の50年ほどの間に，科学者たちは脳の学習の仕方について，かつてないほどの発見をもたらしました。彼らが発見したことは教育にとって深い意義があるにもかかわらず，イングランドの教育界——アメリカの教育界も同様ですが——では知られておらず，教えられてもいません。一例として，ハーバート・サイモンの研究を取り上げてみましょう。サイモンは20世紀が生んだ重要な知識人の1人で，人工知能研究のパイオニアであり，意思決定に関する研究でノーベル賞も受賞しました。記憶に関する彼の研究は，ここに私がまとめた証拠の基礎となるものであり，彼はアメリカの教育界が自分の研究結果を考慮していないことを深く憂慮していました。そこで彼は2人の同僚と共に，現代の教育の「恐ろしい」誤解と自らが呼ぶものに対して挑戦する論文を書きました。

　本書『7つの神話との決別—21世紀の教育に向けたイングランドからの提言』を発表して以来，私がイングランドの教育界について発見した神話は，残念なことに世界では根強く存在し続けていることを知りました。多くの世界的に著名な教育者がこれらの神話のいくつかを信奉し，多くの国際的教育機関がそれらを奨励しています。信奉の詳細は国によって異なりますが，イングランドとは非常に政治状況の異なる国においても，類似の神話が支配的であることに私は驚いています。

　21世紀の教育は，私に19世紀の医学を思い起こさせます。教育の進歩を望むなら，それに科学的基盤を与えなければなりません。イングランドでは最近の約5年間で，この目標に向けて少し進歩があったように思われます。

　前世紀に横行した流行に代わって，これから数年の間に，証拠に基づいた，真の教育改善につながる改革が行われることを希望してやみません。

2018年
デイジー・クリストドゥルー

E. D. ハーシュ教授による序文

E. D. Hirsch（バージニア大学名誉教授）

　この本が颯爽と大西洋を越えて初めてアメリカに届いた時，私は『ハフィントン・ポスト』に「アメリカの教育に関する2013年最高の書」としてノミネートする価値があると書いた[訳注1]。英米2か国の教育に関する支配的な考え方にほとんど差がないこと，そしてその考え方が正確に神話として記述されていることに私は注目した。デイジー・クリストドゥールー氏が神話であると認識しているものは，反知性的で，（意図せずして）反平等的である。事実学習と知識を軽んじることは，同時に学校の成績全体を下げ，持てる者と持たざる者の差を広げることになるのだ。

　米国の社会科学研究は，収入と語彙の豊かさには一貫して相関があることを示してきた。幼いころ読み聞かせをしてもらい教室で使われる言葉が理解できる生徒は，学校で着実に知識と語彙を築き上げていく。恵まれない家庭の生徒は，学校で成功するための言葉のレパートリーや知識がないために，恵まれた子供よりさらに遅れてしまうのである。

　このような差の広がりは，過去25年間のコア・ノレッジ学校[訳注2]の証拠が示すように，学校で系統的に知識を積み上げることで解消することができる。しかしそのような良い結果は，一貫性のないカリキュラムや，事実学習は害であると洗脳された教師からは得られない。

　この本が昨年デジタル版で出版された時，大西洋を挟んだ両国の教育界は「わら人形（本論から注意をそらすための身代わり）」を作ったようなもの，として激しく非難した。彼らは，よい教師はそんな大げさなことを信じているのではなく，事実だけ切り離して教えても「理解」にはつながらない，教師主導で教えると受け身の態度につながると思っているだけだと言う。基礎事実の教

育に反対するスローガンは，もう100年もの間，洗練されつつ試行されてきた．その表現の仕方には微妙なレトリック上の調整がなされてきたため，現状を擁護する人たちは，クリストドゥールー氏が「わら人形」的な議論をしているのだと主張している．良識ある人なら誰も「事実学習が理解を妨げる」などと言ったことはないというのだ．もちろん，誰もそのような露骨な言い方をしたことがないのは事実である．しかし，その考え方は，「理解」の方が事実学習よりもずっと重要であるという原則をかたくなに守り続けることを暗示しているのだ．本書の特長は，そのような考えに則った実践が教室で行われている様子を詳細に分析し，この言語的まやかしを暴露する方法にある．いかにレトリックを洗練させようと，多くの教育関係者が基礎事実を教えることを全く軽視し，かつ嘲笑しているのが現実である．

クリストドゥールー氏は「わら人形」ではなく，彼女自身が言うように現在「最良の実践」とされているものを公然と攻撃しているのだ．彼女は，それぞれの神話について，自分の言葉ではなく，著名な権威者の直接引用を提示することで，豊富な資料に基づいた分析をしている．そして，神話が実際にどのように現場に影響してきたかを記述し，背後にある考え方，つまり神話を大きく覆す認知心理学の研究成果を紹介する．教師として，そしてこのような支配的な考えが悲劇的な失敗を引き起こすのを現実に見た者として，すべてを明瞭に，真剣に，機知をもって提示している．

本書で取り上げた神話には大きな欠点がある．それらは経験的に正しくないのだ．脳の働きと一致しないのだ．それらは100年近くもの間，教師たちの心情と感情を勝ち取るに十分な，見た目の真実らしさと魅力を示してきた．だからこそ，この本が非常に重要なのだ．ひとりの教師によって世に出た，力強い，周到な調査に基づく本書は，他の教師のみならず一般人をも説得するだろう．今日の世界には，悪意はないにしても悲惨な概念的な誤りから引き起こされる非効果的，非平等主義的な教育を許容する余裕はないはずである．

訳注
1 2013年にThe Curriculum Centerから出版されたe-book版を指す．
2 コア・ノレッジ学校（中核知識学校）バージニア大学名誉教授であり，教育学に関する多数の著書のあるE. D. Hirschによって，1986年アメリカバージニア州シャーロッツビルに創設されたコア・ノレッジ財団の付属学校．https://www.coreknowledge.org/our-schools/core-knowledge-schools/（2018-2-24閲覧）

ディラン・ウィリアム氏による序文

Dylan Wiliam（ロンドン大学教育研究所名誉教授）

　ここ10年ほど，様々な立場の政治家や政策立案者は，生徒の学習促進のために「何がうまくいくか」については，もっと研究結果に基づくべきであるとする立場を支持してきた。その背後には，もし教育を医学のように扱えるのなら，すべてがうまくいくという考えがある。この考えには2つの問題点がある。1つには，医学は多くの人が想像するほど「研究に基づいた」ものではないということ，つまり，医学は本当に健康状態を改善する実践方法だけでなく，歴史的な方法，つまり間違いだらけの研究にも基づいているのだ（Goldacre, 2012）[訳注1]。2つ目は，教育が否定的に医学と比較される時，用いられる例はかなり選択的に選ばれていることだ。私たちは，ポリオや天然痘のような病気との闘いには大きな成果を収めたが，延命のための投薬計画をどうやって患者に守らせるか，といったような問題にはほとんど知識がないのだ。
　特に皮肉なのは，学習がなされる時何が起きるのか，どのような学校経験がより大きな進歩につながるのかについての多くの知識が現在では存在するにもかかわらず，そのような研究の成果がほとんど教室にまで届いていないことだ。心理学者が1人もいない大学の教育学部が多くあり，教員養成プログラムにもほとんど心理学が含まれていないのである。その結果，認知心理学の進歩について最近の，いやそれほど最近でない知識ですら全然持っていない人が教師の資格を得る可能性が大いにあるのだ。
　例えば，発見学習的アプローチ——つまり学生が「自分で発見する」方式——は，教師がある学習結果を目指して指導するやり方ほどには効果がない，という研究成果が今ではかなり公表されている（Mayer, 2004）。これは，学生が受け身で知識を受け取るべきである（学習は受動的でなく能動的であるとする

考えは，半世紀以上にもわたって十分打ち立てられてきた）という意味ではなく，アクティビティー（能動的参加型学習）をすることと何かに集中することは同じではない，ということだ。教師の多くは，学生に考えさせるのではなく，いかに学生をアクティブにするかに腐心し，学生が考えているとしても，何について考えているのかにはほとんど関心がない。

　また，教師はあまり発言せず，学生に多く発言させるだけでは，教室での学習が改善しないであろうことを私たちは知っている。例えば，TIMSS[訳注2]のビデオを使った中学校の数学クラスの調査によると，アメリカの教室（調査目的のためにイギリスの教室と非常に似せている）は学生の1語に対して教師はだいたい8語話した。日本の中学校ではこの数字は13，香港では16であった。

　認知科学が学習について発見してきたことと，イギリスの教室で起きていることの乖離について，私は何年も心配し続けてきたのだが，数ヶ月前，デイジー・クリストドゥールー氏の素晴らしい本に出会ったのである。この本を異端であると見なしたある人物から意見を求められたため，ある日曜日の朝，私はKindleにダウンロードして読み始めた。

　あまり期待してはいなかった。何かについての「神話」を暴く，と謳っている本は，まず「わら人形」——そもそも誰も信じていないこと，あるいはあまりに個別的ですぐにも反論できるようなこと——を設定してそれを破壊するのが定石だ。しかし，本書『7つの神話との決別—21世紀の教育に向けたイングランドからの提言』の新鮮なところは，提示された神話が本当に幅広く信じられており，さらに，教育制度の最高レベルで承認されているという証拠を，かなり詳細に示しているところである。そして，見事な分析を通して，デイジー・クリストドゥールー氏はそれぞれの神話が誤解であること——明白に間違いであると論証できること——を示す厳密な科学的証拠を提供してくれる。また文章も素晴らしい。

　私見では，本書はこの10年間に出版された教育関連書の中で（その中にはしぶしぶ自分の本も含めた上で），一番重要な本と言えるのではないか。すべての教員養成コースの必読本とすべきであり，若い人たちの人生を変える教育の力を解き放つことに本気で関心のある学校は，すべての教師に1冊ずつ買い与えるべきである。私がこんなことを言った本は，今までなかったが，それだけ『7つの神話との決別—21世紀の教育に向けたイングランドからの提言』

はよい本だと思っている。

引用文献

Hiebert, J., Gallimore, R., Garnier, H., Givvin, K.B., Hollingsworth, H., Jacobs, J.K., Stigler, J.W. (2003). *Teaching mathematics in seven countries: Results from the TIMSS 1999 Video Study* (Vol. NCES (2003-013)). Washington, DC: National Center for Education Statistics.

Mayer, R.E. (2004). Should there be a three-strikes rule against pure discovery learning? The case for guided methods on instruction. *American Psychologist*, 59 (1), 14-19.

訳注

1 原文には，Goldacre, 2012 の引用文献がないが，これはおそらく Goldacre 氏が共同執筆者となって，連合王国政府内閣府から出版した白書を指していると思われる。
 Haynes, L., Service, O., Goldacre, B., & Torgerson, D. (2012). *Test, Learn, Adapt: Developing Public Policy with Randomised Controlled Trials*. Cabinet Office Behavioural Insights Team.
 https://www.badscience.net/2012/06/heres-a-cabinet-office-paper-i-co-authored-about-randomised-trials-of-government-policies/

2 TIMSS（Trends in International Mathematics and Science Study，国際数学・理科教育調査）国際教育到達度評価学会（IEA）が行う小・中学生を対象とした国際比較教育調査である。http://timssandpirls.bc.edu/

謝辞

　この本の出版に際しては，多くの方々のお世話になった。キャロライン・ナッシュ（Caroline Nash）からは，貴重な助言，サポート，そして励ましをいただいた。また，カリキュラム・センターから研究休暇をいただけたのも，彼女のお陰である。ジョー・サクストン（Jo Saxton），アナスターシャ・デ・ワール（Anastasia de Waal），マリア・イーガン（Maria Egan），ミッシェル・メイジャー（Michelle Major），そしてジョー・カービー（Joe Kirby）はこの本の草稿を読んで，貴重な提案やアイディアをくださった。4章でクリケットと野球の比較ができたのはシド・イーガン（Syd Egan）のお陰である。ソニア・カットラー（Sonia Cutler）には原稿の校正と添削でお世話になった。
　本書の中で誤りがあるとすれば，それは勿論私自身の責任によるものである。

目次

日本の読者へ　　　iii
E. D. ハーシュ教授による序文　　　v
ディラン・ウィリアム氏による序文　　　vii
謝辞　　　x

イングランドの教育システムの概要―監訳者による解説　　　1

序　教育神話との決別　　　9
神話1　事実学習は理解を妨げる　　　21
神話2　教師主導の授業により生徒は受け身になる　　　43
神話3　21世紀はすべてを根本的に変えてしまう　　　69
神話4　調べようと思えばいつでも調べられる　　　85
神話5　転移可能なスキルを教えるべきである　　　101
神話6　プロジェクトとアクティビティーが学びの最良の方法である　　　123
神話7　知識を教えることは洗脳である　　　147
結論　　　173

訳者あとがき　　　177
本書に登場する著名な教育者・研究者の書籍の主要な邦訳版　　　179
索引　　　181

イングランドの教育システムの概要

監訳者による解説

ベバリー・ホーン（Beverley Horne）

　この解説は，日本の読者の理解を助けるために，原著者の許諾を得て掲載するものである。

　本書はカリキュラムにおける知識の重要性に関して貴重な示唆を与えてくれる。本書は英国の一般的な教育理念を批判し，指導と学びに関して広範に信じられているいくつかの概念に挑んでいる。ここで取り上げられている問題の多くは普遍的な意味を持っており，従って日本の教育システムにも関連していると考えられるので，日本の読者にとっても参考になると信じている。しかしながら，こうした概念が生み出された背景にはイングランドの事情があるため，日本の読者のためには社会的文脈や教育システム，さらにいくつかの用語などが包含する特殊な側面に関して説明が助けになると思われる。この解説ではそれらを明確にしたいと思う。さらに理解を深めたい読者のために，本書に登場する著名な教育者や研究者の著作で邦訳が存在するものについて，巻末に紹介する（p.179）。

　日本の読者もイングランドの教育システムのいくつかの側面に関しては十分ご存知かもしれない。しかしながら，本書の中で取り上げられている学校制度の基本構造，外部資格試験のシステム，カリキュラムと学校査察のシステムについては，おそらくあまり知られていないであろう。ここではこれらの側面を取り上げる。これらの特徴を述べる前に留意すべきことは，「イングランド」または「英国」という言葉がしばしば同義のように使われるのであるが，英国内の4つの国（イングランド，ウエールズ，スコットランド，北アイルランド）の間では教育システムに少々の差異があることである。しかし，それらをすべて説明することは，この解説の範囲を超える。本書の主たる焦点は，主に

4カ国の1つであるイングランドの教育である。

学校制度

　ここで最初に言及しなければならない点は，学校制度である。日本の6-3-3制とは異なり，イングランドの制度は初等教育・中等教育の2つに分かれている。初等教育（小学校）は，4歳の子供が行く「レセプション（受け入れ準備）」という学年で始まり，その後1年生から6年生まで続く。そして，日本より1年早い11歳で，子供たちは中等教育（中学校）に移る。日本と違って，子供たちは自動的に地元の学校に進学するのではなく，親は子供たちが第一志望の中等学校に入れることを望んで地元の学校を選択し，申し込みをする。この段階では，約7％の生徒が入学試験と面接により生徒を選抜する有料の独立系の学校（私立学校）に進学し，大半は地域の予算で運営される無料の公立学校に行くことになるのだが，こちらはほとんどが選抜をしない（「総合制学校（comprehensive school）」と呼ばれる）。つまり，総合制学校の場合，一般的には様々な能力の生徒が混在し，生徒を選抜するのに学業成績を用いていないということである。総合制学校の多くは，近隣地区に住む生徒を選んでいるが，それが必ずしも唯一の基準ではない。例えば，「教会」または「信仰」に基づく学校は，教会への出席などの宗教的基準に基づいて生徒を選ぶ傾向がある。ほんの少数（約160校）の公立中等学校のみが入学試験に基づいて100％学業成績による選別をし，それらは「グラマー・スクール」と呼ばれる。この種の学校は，大部分が1960〜70年代に廃止された制度に基づくものであるが，地域によってはいまだに残っている。このグラマー・スクールの存在については現在でも意見が分かれており，政治的議論の原因となっている。公立学校の中には，2000年以降，中央政府が資金を拠出し，地方自治体の管轄から外れた「アカデミー・スクール」という新しいタイプの学校が生まれている。この両者とも，入学選抜の方針，体制，および組織に関してかなり自由度を保証されている。

　まとめると，中等教育ではほとんどの子供たちは，地域の様々な能力の生徒たちが集まる総合制学校に通う。しかし，実際の学校内での指導は，必ずしも能力混在型ではないことに留意すべきである。なぜなら，生徒は，それぞれの学校の方針により，全ての科目において能力別編成のクラスで学んだり，あるいは科目によって能力別編成のクラスに分けられたりしているからである。日

本のクラスと比べるとクラスサイズは 1 クラス 30 人以下と小さく，日本とは異なり，必ずしもすべての科目で自分の属するクラスのメンバーと一緒に学ぶというわけではない。

　長い間，16 歳が義務教育の終わりであった。しかし，法律が変更され，2015 年以降は，すべての若者が 18 歳までフルタイムあるいはパートタイム[訳注1]で教育や訓練を続けるという新しい要件が導入された。現在のところ，約 70％の若者がフルタイムで 18 歳まで学校に留まっている。新制度の最後の 2 年間は，「第 12 学年と 13 年学年」，またはより伝統に沿った呼び方では，中等学校から数えた第 6 年次および第 7 年次を表す「シックス・フォーム（sixth form）前期および後期（lower, upper）」と言われている。この段階でフルタイムで教育を受けている生徒は，同じ学校に留まったり，またはより自分のニーズに合った別の学校に転校したり，または独立した 2 年制の「シックス・フォーム・カレッジ」に通うこともできる。この学校には「カレッジ」という名前が付いてはいるが，大学と混同してはならない。これについては後ほど簡単に説明する。

カリキュラムと学習

　義務教育は，以下に示すように，初等教育は，レセプション，キーステージ 1，キーステージ 2 に分かれ，中等教育はキーステージ 3，キーステージ 4 から成り立っている。

- キーステージ 1：1 年次から 2 年次
- キーステージ 2：3 年次から 6 年次
- キーステージ 3：7 年次から 9 年次
- キーステージ 4：10 年次から 11 年次

　日本との比較を示すと，表 1 のようになる。

　各段階で教えられる内容は，ナショナル・カリキュラム（中等教育の終了まで，つまり 11 年次までの教育課程を規定しているカリキュラム，NC）によって定められているので，その歴史と目的の概要をここで簡単に説明する。NC は 1988 年に導入され，独立学校（インディペンデント・スクール）[訳注2]とアカデミー・スクールを除くすべての学校はそれに従わなければならない。しかし，実際は独立学校とアカデミー・スクールの多くも NC に従っている。NC の発足以前には，学校間で教えられる内容に大きな相違があった。NC には，

表1　イングランドと日本の教育制度

年齢	イングランド			日本	
4-5		レセプション		就学前教育	幼・保・こども園
5-6		1年次	キーステージ1		
6-7	初等教育	2年次			小学1年生
7-8		3年次		初等教育	小学2年生
8-9		4年次	キーステージ2		小学3年生
9-10		5年次			小学4年生
10-11		6年次			小学5年生
11-12	中等教育	7年次	キーステージ3		小学6年生
12-13		8年次		中等教育	中学1年生
13-14		9年次			中学2年生
14-15		10年次	キーステージ4		中学3年生
15-16		11年次			高校1年生
16-17	シックス・フォーム前期	12年次	キーステージ5		高校2年生
17-18	シックス・フォーム後期	13年次			高校3年生

すべての科目の学習プログラムと達成目標が規定されており，英語，算数（数学），理科（科学）という主要科目と共に，10の基礎科目が含まれている（そのうち現代外国語はキーステージ3においてのみ必修）。宗教教育は，すべてのキーステージを通じて必修科目として残されているが，それに関する外部試験を受けることは必須ではない。1995年には，教育内容を減らしてスリム化したNCが導入された。その後2000年に，労働党政府の下で新しいNCが導入されたが，そこでは特に初等学校の段階で英語，算数，理科を重視し，他の科目の内容が削減された。また，初等教育レベルにおいては，特定の科目の指導だけでなく，「広範囲の学習領域」の導入など，他の変更も提案された。しかし，これら1995年以後に提案された他の変更は，政権交代によって2010年に廃止され，その後の改訂が2014年から2016年にかけて段階的に導入された。

　NCには，各段階のカリキュラム要件と評価目標が設定され，キーステージごとに評価が実施される。各生徒の学習記録に記される最も重要な評価は，GCSE（General Certificate of Secondary Education，中等教育修了一般資格試験）の結果であり，これはすべての16歳の生徒に対する統一外部試験かつ標

準資格として，義務教育の修了証として次の教育段階の入学資格の役割を果たす。この試験は「試験委員会」によって作成され，採点される。この試験は1988年に導入され，以前の「O（普通）レベル（General Certificate of Education Ordinary Level，能力が比較的高い生徒が受験する）」と，「CSE（Certificate of Secondary Education，中等教育認定証）」に代わるものであった（これらの試験は能力レベルの違う生徒に対する試験であった）。そして，GCSE導入の前には，一部の成績が振るわない生徒は外部試験を全く受けなかったため，「資格が全くない」状態で学校教育を終えていた者もいた。履修すべき科目数には上限も下限もないが，ほとんどの生徒は各学校の方針によって8～12科目を履修する。すべての生徒は，英語，数学，理科（科学）の授業を必修科目として受け，その他に関しては人文，外国語，および実践的科目の中からいくつかの科目を選んで履修する。学校により，どの科目が必修であり，生徒が選択できるものであるかという点で違いがある。また，教師が授業で使う教材を自ら選ぶのは比較的自由であり，特定の教科書を使う必要はないことにも言及しておきたい。

　GCSEは主に義務教育の最終段階であるキーステージ4の最後の2年間の学習内容に基づいており，外部で評価される。各生徒は，各科目についてAからGまでの中から最終グレードを与えられる。1994年には，最高の成績を区別するために新しいグレードA＊（Aスター）が追加された。グレードCは平均的な達成度を表し，少なくともグレードCで5科目のGCSE合格を達成することが，通常，次の教育段階に進むために最低限必要な基準である（ただし，多くの学校ではこれよりもはるかに高い成績を求めている）。2015年の統計では，最終学年全体の約65％が平均でグレードC以上を達成しており，女子の達成割合は男子よりも高い。中等学校は通常，これを達成した生徒の割合でランク付けされる。2018年に，このシステムは改革され，新しいグレードシステムでは，9（最高）から1（最低）という評価が与えられることになっている。

　長年にわたり，GCSEはその内容，構成および評価方法について多くの改変を行ってきており，最近ではモジュール式からリニアー式への変更も加えられた（モジュール式というのは科目の4～8単元ごとに分割された試験を受けて最終的に点数を合算する方式。一方，リニアー式というのは最終ステージの最後である11年生の学年末に受ける一発試験）。以前のモジュール式のGCSE

では試験の成績だけでなく，授業の「課題」のできも加味されていた。この「課題」というのは，授業等で書いたエッセイ（レポート）やプロジェクトや他の授業活動のポートフォリオなどであり，これらも評価の対象になっていた。2017～2018年に導入された新たなリニアー式の試験では，「美術」などの科目を除き，すべて試験の結果だけに基づいて成績がつけられるようになった。この変化の結果，生徒は10年次と11年次の2年間でGCSEカリキュラムに則った学習をし，11年次の終わりにこの2年間で学んだ内容の試験を受けることになる。この新たな試験方式の方が内容が難しくなったと一般的に言われている。つまりモジュール式の試験より，生徒たちはより広範な知識をより長期間にわたって忘れないようにしなければならないということになったのである。つまり，以前の試験の方式より知識により大きなウエイトがかけられるようになったと言える。

　このような変化はあったが，義務教育の修了時に達成度を測定するための共通尺度としてのGCSEの役割は依然として残っており，生徒は就職や高等教育への出願時にGCSEの成績を考慮される要件の1つとして提出する。GCSEの成績は，異なる学校の同学年の達成度に関する比較データを作成する際にも使用され，それぞれのグレード・レベルを取得する生徒の割合は，毎年全国紙に掲載される「リーグ・テーブル（成績総覧表）」で開示される。よってGCSEの結果は親や地域の人々が異なる学校の成績レベルを判断する際の重要な尺度ともなっている。

　GCSEは義務教育の修了を証明するものであり，上に述べたように最後の2年間，日本の高校でいえば2年と3年に相当する期間の学習方法は任意である。この段階では，統一されたカリキュラムも，必修の授業もないので，学業を続けることにした生徒は，進路に合わせたアカデミックな学習や職業訓練に特化し，それまでより少ない科目を履修する。この2年間の位置付けが日本の学校制度の相当年と大きく異なる面である。この段階では，クラスのサイズがさらに小さくなり，生徒には以前よりもはるかに大きな自由と自主性が与えられている。大学を目指す人がたどる最も一般的な道は，「Aレベル（上級レベル）」の試験を受験することであり，彼らは2年間かけて試験準備をする訳である。これらの資格試験は，イングランドのほとんどの大学が個別の入試を行っていないため，大学への出願の主要な要件となっている。

　すべての公立学校での教育は，Ofsted（教育水準局）として知られている公

的団体によって審査される。Ofsted は，その報告書を親，政府，さらに一般国民に向けて公表し，各学校に関する報告書はオンラインで読むことができる。2005 年から 2012 年にかけて，各分野および全体の評価は，1（秀逸），2（良），3（可）および 4（不十分）という 4 点スケールによってなされた。2012 年に新しい枠組みが確立され，「可」は「改善が必要」と改称された。そこには，どのような学校でもそのレベルに留まるべきではないという意味が含められたのである。Ofsted の仕事の仕方や Ofsted が良いとする授業内容に対しては多くの批判があり，著者はこの本の中でこれらの問題のいくつかを取り上げて議論している。

本書の出版後

　本書の最も重要な提言は，カリキュラムにおいてもっと知識を重要視することと，スキルよりも知識により焦点を置く必要性であり，この考え方は今ではより多くの政策決定者に広く受け入れられているように思われる。本書出版後の 2014 年あたりから，新たなカリキュラムが考案され，2015 年から施行された。この新しいカリキュラムは以前のものと比べるとより知識に重きを置いているのである。当時の教育庁長官ニッキー・モーガン（Nicky Morgan）は 2015 年 1 月に声明を発表しているが（https://www.gov.uk/government/speeches/nicky-morgan-why-knowledge-matters），その中で，知識なしでスキルを身に付けることは不可能であるとして，しっかりとした知識の基盤を持つことの重要性を強調している。経済的に恵まれない境遇の生徒と経済的に豊かな出自の生徒の間の学習到達度の差を無くし，また，他国のカリキュラムから学ぶという目的を掲げて，彼女は「我々の教育システムはあまりにも長い間，スキルの発達を，核となるべき知識の獲得より優先させてきた」と述べ，「生徒の学びの中心に知識を呼び戻すようにする」と約束した。2014 年に BBC は，この新しいカリキュラムでは，歴史においては年代順のアプローチが取られ，科学においては事実をもっと教えるようになったというような例を挙げながら，ポジティブなコメントをした。(http://www.bbc.com/news/education-28989714)

　前述のように，GCSE でも変革が起こっており，こうした変化は，本書の中で述べられている考え方の正当性をより支持，強化している。

　上記で述べてきたことは，本書で取り上げられている問題の背景の一部を説

明するものである。我々翻訳者は，イングランドの教育システムの構造と内容を説明するこの導入説明が，本書で議論されている問題についてより深い理解を読者に提供する助けになることを願っている。

訳注
1 ここでは日本では聞きなれないフルタイム，パートタイムの生徒という身分について付記しておく。11年生の夏季休暇の終わりまでに16歳になる生徒の場合，6月の最終金曜日に義務教育は修了する。その後18歳までに次の①，②の選択肢のどちらかを選ぶことになる。
　①フルタイムの生徒として学校に残る。主として，大学入学準備のためにAレベルの勉強やIB（International Baccalaureate，国際バカロレア）資格取得のために週5日学校へ行く。
　②パートタイムの生徒として週に1～2日学校に行き，職業訓練やボランティア活動をする。この場合，主として職業訓練校で様々な資格取得のため勉強する。週に20時間以上働くことになっている。
2 インデペンデント・スクール（independent school）とは，私立学校の一種。運営のための財源を国や地方自治体に（厳密には宗教団体にも）頼らず，授業料，寄付で補っている。

序
教育神話との決別

　私の両親はともにロンドンのイースト・エンドで育った知的な人たちだ。2人とも公式な資格を得ることなく，若くして学業から離れてしまった。彼らの生活は幸福で満足のいくものだったが，人生の折々に，もし学校でもっと背中を押され励まされていたら違う人生になっただろう，と考えることがあったのではないかと私は思う。両親と同じ年頃で知能も彼らと変わらない人たちが，異なる生まれと教育環境の違いから，より多くの成功の機会を得ているのをニュースなどではよく見る。教育は重要なのである。現代の英国ではどんな統計をみても，私の両親の頃と比べて教育の機会がより公平になったとは言えない。例えば2010年の平等人権委員会（Equalities and Human Rights Commission）による報告書は，「教育達成は引き続き社会経済的背景と強く関連」しており，「FSM（free school meals，無料の学校給食）の恩恵を受けている生徒は，そうでない生徒と比べ，GCSE（General Certificate of Secondary Education，中等教育修了一般資格試験）で高得点を得る可能性が半分」しかなく，そして「社会経済的地位が低いグループでは，若者の大学への進学率は，両親が専門職である人たちと比べ大幅に低いままである」と報告している[1]。

　サットン・トラスト（Sutton Trust，社会的平等を目指すロンドンの団体）の研究も，同様の報告を行っている。教育的不平等は生徒が学校に入る前に確立されており，「不平等は学校でさらに広がっている。11歳の時，無料給食の生徒の3分の2は学力の上位5分の1に入っているのに，GCSEになると上位5分の1には入っておらず，半分は大学にも行かない」というものだ[2]。1960年代以降，高等教育機関の入学者数は劇的に増えたが，この拡張はすでに富裕である層に有利に働いた，という証拠がある。2003年，ブランデンとマチン

(Jo Blanden and Stephen Machin) は，「高等教育の拡張は，実は裕福な子供と貧しい子供の教育への参加度のギャップを著しく広げる役目を果たした」と論じている[3]。

　両親と同じように私もイースト・ロンドンで育ち，地元の小学校に通った。11歳の時，授業料を免除してもらい，私立学校に行くことができた。18歳で私は英文学を学ぶためにウォーリック大学 (University of Warwick) に入った。奨学金受給者に選ばれて以来，自分がどれだけ幸運で特権を与えられたかは十分に自覚していた。大学を卒業した時，教職を目指して教員養成教育を受けようとした理由の1つは，自分の受けた幸運と特権を他の人と分かち合いたいと思ったからである。私は2007年にティーチ・ファースト (Teach First, 大学の卒業生が学校で教えながら教職の修士が取れるよう援助する団体) で訓練を受け，その後すぐにロンドンの中等学校に配属になった。そこで3年間教え，非常に楽しい日々を送ったのではあるが，同時に生徒の基礎的スキルと知識の驚くべき低さに日々直面していた。

　他校の同僚と話すと，彼らも同じような経験をしていた。確かに私たちは皆，教育困難校で教えていたので，この経験は一般的なものとは言えない。しかし，その後の私の調査と照らし合わせても，私たちが直面したことはそれほど例外的なものではないと思っている。基本的スキルに関しては，シェフィールド大学の研究によると，16歳から19歳の学生の22パーセントは数量的思考能力に深刻な問題を抱えており，17パーセントは読み書きの能力に同様の問題があるという[4]。問題のあるカテゴリーに属する大人は，数学に関して「主に計算とその他の形式の数学的情報を理解することがやっとで，非常に基本的な数学能力」しか持っていない[5]。報告書では，このカテゴリーに属する人たちにとって難しいタイプの数学の問題例を挙げている[6]。

　　5から1.78を引きなさい。
　　5から2.43を引きなさい。
　　箱に入った72個のリンゴを6人で分けた場合，1人がもらうリンゴの数はいくつか。
　　700の15%を計算しなさい。
　　7900人のうち10%が子供なら，子供は何人か。
　　300の5/6は何か。

このカテゴリーは読み書きの力も低く，「このレベルの人たちは，注意をそらされるような情報が近くにない場合，単純なテストと直接的な質問にのみ答えることができる」[7]。報告書は，彼らが実際にはどのような課題ができないのかについては具体例を示していない。私の経験から実例を挙げれば，2009年版ウエールズ合同教育委員会 GCSE 英語筆記試験 2（2009 Welsh Joint Education Committee Foundation GCSE English Paper 2）をいくつかのクラスの生徒に対して行った結果である[8]。それは，RNLI（Royal National Lifeboat Institution，王立救命艇協会）のチラシ広告について理解を問う一連の質問をしたものである（図 0.1 参照）。

　質問の 1 つは，「RNLI のショアライン会員になったらもらえるものを 2 つ答えよ」というものだったが，この試験を受験した私の生徒の数人は「救命ボート（lifeboat）」と答えた。これが現実であり，試験官の報告書を見たところ，このような解答をしたのが私の生徒だけではないということが分かった。「多くの採点者が，RNLI の会員になれば特典として救命ボートがもらえる，という解答を得た！」という[9]。これがシェフィールド大学の研究者たちの言う「注意をそらされるような情報が近くにない場合には，単純なテストと直接

メンバーになると……

……あなたにも特典があります。

『救命ボート』——季刊誌

RNLI（王立救命艇協会）のメンバーになると，3 か月ごとに会員限定雑誌の最新号を受け取ることができ，救助した人やされた人との交流もできます。
ショアラインの個人会員費は 18 ポンド，共同会員費（パートナー向け）は 30 ポンドです。
会員限定のステッカーを車に貼れば，どこへ行ってもボランティアとして救援活動に参加できます。

図 0.1　「2009 年版ウエールズ合同教育委員会協会 GCSE 英語筆記試験 2」で使われた RNLI の広告文。

的な質問にのみ答えることができる生徒」[10]を意味するのだと思う。

　私の知る限り，離学者（高等教育に進学しない生徒）がどのようなタイプの知識を持っているか，あるいは持っていないかについて，これと同程度の信頼性の高い調査は存在していない。私の個人的な印象と相反する証拠はもちろんないが，それほど確信はなくてもそれを裏付ける証拠もいくつかある。歴史学の教授デレク・マシューズ（Derek Matthews）による非公式の調査は，私が教えていた生徒とは正反対の良い教育環境で育った生徒を扱ったもので，とりわけ意義深い[11]。マシューズは自らの教える学部1年生に英国史について5つのかなり基本的な質問をした。89パーセントは19世紀の英国の首相の名前を答えることができず，70パーセントはボーア戦争がどこで戦われたか知らなかったという。ラッセル・グループ（Russell Group，研究型公立大学の上位24大学）の学生がこれだけ「知らない」というのならば，GCSEでA＊〜Cの評点を5つ取れない40パーセントの離学者は何を「知っている」と想定すればいいのだろう。私の経験でも，そして多くの同僚の経験でも，彼らはほとんど何も知らないということになる。

　この問題を明確に示すため，生徒がどんなことを知らないのか例を挙げてみよう。私が例を挙げる目的は，このような生徒をからかったり侮辱するためでは決してない。この本を著したそもそもの目的は，生徒のスキルや知識がこんなにも貧弱なのは，私たちがこれらの重要なスキルや知識の教育に失敗してきたことを世に示すためである。これらの実例が誰かを恥ずかしめるというのなら，教育にかかわる私たちすべてが恥じるべきである。それでも，これらの例を示す本当の理由は，非難を分かち合うというよりは，よく引用される数字や統計の裏にある具体的な現実を明らかにするためである。私は教師になる前も，読み書きのできない一定割合の離学者に関するレポートをよく読んだものだが，舌打ちしながら次のページをめくるだけだった。しかし，ここでは実例を挙げることでこれらの統計が表す現実の意味を説明したいのである。私は，英国の地図上で自分の町ロンドンを，あるいはロンドンの地図上で自分の住む地域を示すことのできない生徒を大勢教えてきた。彼らの多くは重要な歴史的出来事の年号を知らず，大陸と国の区別も理解していなかった。多くがアフリカは国だと思っており，イングランドと大ブリテンの違いを理解できず，UKを構成している4つの国の名前を言えなかった。彼らは遠い昔には，車，飛行機，コンピュータや電話が存在しなかったことは何となく知っているようで

あったが，それらが発明される前には人々がどのように旅行したり交流したりしていたかについては，ほとんど何も知らなかった。私の生徒のほとんどは，アメリカとオーストラリアについて聞いたことはあったが，そこに英語を話す人々が住んでいなかった時代があったことは知らなかった。多くの生徒はミルクやパンやじゃがいものような基本的な食べ物の起源を知らなかった。このような事柄を知らない生徒は教育では不利な立場に置かれていると私は思うのである。

　1つはっきりさせておきたいことがある。私はイングランドの教育に黄金時代があったと言っているのではない。今はだめだが，昔は良かったなどとは一言も言うつもりはない。この本の重要な目的は，現代科学の発見に基づいてどのように教育を変える必要があるかを示すことである。私が言及する代表例は，50年前のイングランドのものではなく，今日の高度に成長した先進国のものなのである。教職に就いた時，私の両親を見捨てた教育システムには大きな欠陥があったことを私はよく知っていた。私は世間知らずにも，その後にそれらは大いに改善されたものと思っていた。シェフィールド大学の研究は，前述のような基本的読み書きや基本的計算力を習得できない生徒の比率が，過去数十年間変わっていないことを示している。マイケル・シェヤー（Michael Shayer）の研究でも，生徒の問題解決スキルは過去数十年間，停滞どころか後退さえしたことが示唆されている[12]）。

　教職の1年目は人生でこれまでにないほど一生懸命に働いたが，それを再びやりたいとは思わない。同僚たちも皆休みなく働いた。政治家の中には私たち教師を怠け者で生徒に低い期待しか持っていないと責める人がいるが，私たちに努力や善意が足りないのではないことは身をもって知っている。にもかかわらず，大勢の生徒が正しく読み書きできないまま，これまで説明してきたような無知の状態のまま，私たちのもとを去っていった。いったい何が間違っていたのだろうか。

　ここで私が提案したいのは，問題が内容に関することで，構造に関することではないということだ。しかしこの見解は評判が悪い。政治家は右でも左でも，教育問題に関しては構造上の解決策を好む。右派は教師にもっと働くよう，そして成績で選別する昔の方法（academic selection）に戻ることを要求し，左派は真の総合制学校（genuine comprehensives）化と学校への補助金の増額を要求する。過去10年間，イングランドの学校の最大の改革は，学校

の統治と管理の仕方に関わるものであった。ニュー・レイバー時代（トニー・ブレア労働党党首が主導）にできた最初のいくつかのアカデミー・スクール（特別な認可を受けた中等学校）は，地方権力の裁量の外で運営することを許された。現在の連立政府（2010〜2015年のデビッド・キャメロン率いる保守党とニック・クレッグ率いる自民党との連立政府）は，多くの学校がアカデミー・スクールになることを許可し，親や教育者のグループによる新しいフリー・スクール[訳注1]の設立も許可した。これらの改革は疑いもなく重要で，議論や精査に値する。しかし，それは教育改革の限られた側面に関することで，学校構造に関する興奮と論争の中で，他の多くの重要なことが見失われてしまっている。特に，何をどのように教えるかという実際の授業内容に関してほとんど注意が払われていないのだ。そもそも，そういうことこそが教育であるはずなのにである。学校構造を変えようとする人は，それだけで完結するものとして変革を見るのではなく，実際の教育内容を改良し，授業での実践を以前より向上させる手段として捉えるべきである。しかしながら，学校構造に関するあらゆる議論において，私たちはこれらの変更自体を目的と考えるようになってしまった。本書では，実際の授業で何が起きているかということに議論の焦点を引き戻したいと思う。

　私の主張の中心は，教師が教育について教えられていることの多くが間違いであり，効率的でない方法で教えるように勧められているということである。3年間教鞭を取った後，私はさらに勉強するために1年間休職した。教育・科学のすべての分野で，自分が教員養成期間と教職にあった時に教わった多くの理論を完全に覆す研究に遭遇して私はショックを受けた。ショックを受けただけではなく，怒った。私は誤解するように指導されてきたかのように感じたのである。3年間何百もの授業を担当して，猛烈に働いてきたのに，自分の教師生活をずっと楽なものにし，生徒を計り知れないほど助けてくれたであろう多くの情報について，全く教えてもらうことがなかった。さらにひどいことに，全く証拠のない考え方が，疑いのない金科玉条として提示されていた。私が楽しく読んだ本の著者の1人にハーバート・サイモン（Herbert Simon）がいる。彼は意思決定に関する研究でノーベル賞を受賞したが，他の2人の認知科学研究者とともにアメリカの教育界で人気のある多くの考え方を批判する論文を書いている。

新しい「理論」が，哲学的あるいは常識的もっともらしさのみに基づいて，しかし本当の経験的立証なしに，（実験という位置付けもせずに）毎日のように学校に紹介されている[13]。

彼がアメリカの学校で見た実験や根拠に基づかない理論の多くは，残念ながら，イングランドの教育システムにも存在する。

この本では，これらの神話の中で最も害をもたらすと考えられる7項目について概要を述べる。それぞれに1つの章をあて，各章ではその神話がいかに教育界で，具体的には学校で，支配的に働いているかについてかなり詳しく述べた。なぜかというと，これらのトピックについて議論をした時に，多くの人が学校の現状について私の記述したようなことを全く信じようとしなかったからである。一番頻繁に受けた反論は，私が悪い実践例を選び出してそれを一般化しているとか，別の言い方をすれば，私は実体のない仮想敵（straw man，わら人形）を攻撃しているというものだった。これほど真実から遠いことはない。この本で私が攻撃している教え方は，多くの教育界の権威が最良の実践だと考えているものである。本書で挙げたそれぞれの神話について，それがイングランド中の授業の実践にどのような影響を与えてきたか，具体的で信頼性の高い例を集めた。そうしたからこそ，なぜそれが神話なのか，なぜそんなにも有害なのかを示していくことができるのだ。

これらの神話が存在し，影響力があることを証明するにあたって，大きく分けて2種類の証拠を考慮した。1つ目は理論的なもので，これらの神話の哲学的根拠を探ったが，章によっては何十年も，何世紀も遡ることが必要だった。章によっては現在の理論についても検討した。2つ目は実践的なもので，最近の刊行物に見る教師に対する政府の助言，人気のある教員養成マニュアル，教育関係出版物に掲載された記事を扱っている。ここでは，Ofsted（Office for Standards in Education, Children's Services and Skills，教育水準局）発行の科目別報告書に特に目を向けた。なぜそのような報告書を使ったかについての根拠は神話2で説明するが，簡単に言うと，これらの報告書は国の公的視察データに基づいており，授業の様子を詳しく記述しているからである。同じような授業実践についての記述を他の様々な資料から見つけるのは容易で，実際そういう資料からの例も使ったが，それらはOfstedの見解ほどの権威も調査の広範さも持っていない。まず，ある教え方の浸透度を証明してから，それに関連

する自分の経験的逸話による説明をつけることにした。

多くの人が実際の証拠のみを重視していることは承知しているが，私は反対である。真に人間の行動を理解するには，それが拠って立つ哲学的根拠を検証する必要があると思う。この点に関して，私はジョン・メイナード・ケインズ（John Maynard Keynes）の，思想の力（発想力）についての以下の有名な説明に強く影響を受けた。

> 経済学者と政治哲学者の思想は，それらが正しい時にも間違っている時にも，一般に理解されているよりずっと強力だ。全くもって世界はそれ以外のものに支配されることはほとんどない。実務家は，どんな知性的な影響力からも逃れられると信じているにもかかわらず，たいていは当たらない理論を唱える経済学者の奴隷である[14]。

私は，名前の引用ではなく，思想を検討することに興味がある。名前を聞いたこともない人の思想に影響されることは大いにありうる。私が会ったことのあるOfstedの査察官のほとんどは，非常に実務的で真面目な人たちであるが，その多くがパウロ・フレイレ（Paulo Freire）のような理論家については，聞いたことも著作を読んだこともないかも知れない。それでも私は，彼らがそのような理論家に強く影響されていると主張したい。この本で私は，理論と現代の実践のつながりを探っていきたい。実践において理論が何を意味するかを説明する大きな理由は，理論だけを読むと，たいてい表面的には説得力がありそうに思えるからである。私は教師になる前，グーグルが私たちの思考を左右しているという曖昧な理論についての著作を多く読み，非常にありうると思った。しかし，これらの理論が実践において意味することを十分に考えさせられたことはなかった。理論の実践面を考えることが重要であるもう1つの理由は，問題点に関する議論を明確にしてくれることである。理論は往々にして曖昧で不明瞭な言葉で表現されるため，何を意味するのかがはっきり分からないこともある。リチャード・ホフスタッター（Richard Hofstadter）はジョン・デューイ（John Dewey）に関してもそれが言えることに気がついた。

> デューイはよく誤解されていると言われ，いずれ彼の名前を揚げて行われている教育的実践に対して抗議をすべきだという指摘が繰り返しなされ

ている。彼の意図は一般的にかなりの頻度で踏みにじられたかもしれないが，デューイの著作は読むのも解釈するのも難しい。彼はひどく曖昧でどのようにも解釈できるような文章を書いた …… デューイの最も重要な教育に関する著作が最悪の文章スタイルであったがため，その意味することがとうてい理解できないという事実も，彼が教育の主唱者として大きな影響力を持った一因であろう。…… そのような文章スタイル上の深刻な欠陥は，決して「ただの」スタイルの問題では済まない。なぜならそれは概念自体の難解さを包含するからだ。愚鈍で熱狂的な信奉者によってデューイの思想がひどく捻じ曲げられたという主張よりもずっと妥当な考え方は，彼の著作が引き起こした未解決の解釈上の問題は，実は思考そのものの不明確さと欠陥の現れであるというものである[15]。

　これはデューイについてのみならず，多くの現代の教育者についてもいえることだと思う。評論全体を通じて事実と事実学習を否定した挙句，最後を「もちろん，基本事項を教えなくていいと言っているわけではない」というような使い捨ての一文で締めくくるような理論家の記事をよく読んだものだ。実際彼らの勧める教え方を見ると，そこにはやはり基本事項を教えることが含まれていない。だから，これらの理論や理論家が勧める教え方を概観することにより，論争や議論のための確固とした土台が得られるのである。
　私の考える7つの神話とは，以下である。

1　事実学習は理解を妨げる
2　教師主導の授業により生徒は受け身になる
3　21世紀はすべてを根本的に変えてしまう
4　調べようと思えばいつでも調べられる
5　転移可能なスキルを教えるべきである
6　プロジェクトとアクティビティーが学びの最良の方法である
7　知識を教えることは洗脳である

　総体として見ればこれらの神話は進歩主義的教育の例だと言う人もいるだろうが，私はその考えを拒絶する。第1に，これらの神話には進歩主義的なところは何もない。第2に，神話7で述べるように，これらの考えに関して，進歩

主義の人々の中に意見の一致を見たことがない。第3に，進歩主義という単語は新しさと独創性を暗示するが，これらの考えには何ら新しさはなく，もう何十年も，あるいはもっと長く存在してきたものである。人間の学習について発見されてきた新事実は，実際には，これらの考えに対して否定的である。

　これらの神話の背後にある知的な論理的根拠を言い表す言葉があるとしたら，教育の形式主義がよいだろう。それは，これらの神話の多くが，形式は本質よりも重要であるという前提の上に成り立っているからである。これらを支える知的トレンドは何かと問われれば，進歩主義ではなくポストモダニズムを私は選ぶ。ポストモダニズムは真実や知識の価値に懐疑的であり，これらの神話の根幹には知識への深い懐疑があるからである。神話1（事実学習は理解を妨げる）と神話2（教師主導の授業により生徒は受け身になる）から始めるのは，この2つがこの本で論じられる他の神話の基盤であると言えるからである。これらの神話は長い間言い伝えられており，学校で行われていることに理論的正当性を与えている。それに続く2つの神話は，「21世紀はすべてを根本的に変えてしまう」と「調べようと思えばいつでも調べられる」であるが，これは神話1の現代的な正当化である。神話5の「転移可能なスキルを教えるべきである」も事実を教えないことへの別の正当化である。神話6は教授法についてであり，知識の伝授を少なくするような授業構成法を提案している。最後の神話7は知識の政治的側面についてであり，知識を教えるのは洗脳に近いと主張する。そして，7つの神話が共に語り継がれることによって，生徒たちの教育に害を与えてきたのである。

注
1) Equalities and Human Rights Commission. How fair is Britain? Equality, human rights and good relations in 2010. The first triennial review (2011), pp. 300, 325, 340, www.equalityhumanrights. com/uploaded_files/triennial_review/how_fair_is_britain_-_complete_report.pdf (accessed 3 March 2013).
2) The Sutton Trust. *Increasing Higher Education Participation Amongst Disadvantaged Young People and Schools in Poor Communities*: Report to the National Council for Educational Excellence. London: Sutton Trust, 2008, p. 5.
3) Blanden, J. and Machin, S. Educational inequality and the expansion of UK higher education. *Scottish Journal of Political Economy* 2004; 51: 230-249.
4) Brooks, G. and Rashid, S. The levels of attainment in literacy and numeracy of 13- to 19-year-olds in England, 1948-2009 (2010), p. 6, www.nrdc.org.uk/publications_details.asp?ID=181# (accessed 3 March 2013).

5) 同上, p. 8.
6) 同上, p. 52.
7) 同上, p. 64.
8) Welsh Joint Education Committee (CBAC).GCSE, 150/02, English Foundation Tier Paper 2, P.M. Thursday, 4 June 2009 (2009), www.sprowstonhigh.org/cms/resources/revision/English/2009%20Summer%20Foundation%20-%20RNLI.pdf (accessed 3 March 2013).
9) Welsh Joint Education Committee (CBAC). GCSE examiners' reports, English and English Literature, Summer 2009 (2009), p. 18, www.wjec.co.uk/uploads/publications/9063.pdf (accessed 3 March 2012).
10) Brooks, G. and Rashid, S. The levels of attainment in literacy and numeracy of 13- to 19-year-olds in England, 1948-2009 (2010), p. 64, www.nrdc.org.uk/publications_details.asp?ID=181# (accessed 3 March 2013).
11) Matthews, D. The strange death of history teaching (fully explained in seven easy-to-follow lessons) (2009), p. 33, www.heacademy.ac.uk/assets/documents/subjects/history/br_matthews_deathofhistory_20090803.pdf (accessed 3 March 2010).
12) Shayer, M., Ginsburg, D. and Coe, R. Thirty years on – a large anti-Flynn effect? The Piagetian test Volume & Heaviness norms 1975-2003. *British Journal of Educational Psychology* 2007; 77 (Pt 1): 25-41.
13) Anderson, J.R., Reder, L.M. and Simon, H.A. Applications and misapplications of cognitive psychology to mathematics education. *Texas Education Review* 2000; 1: 29-49.
14) Keynes, J.M. *The General Theory of Employment, Interest, and Money*. New York: Harcourt, Brace & World, 1964, p. 383.
15) Hofstadter, R. *Anti-Intellectualism in American Life*. New York: Vintage Books, 1973, p. 361.

訳注
1 フリー・スクール（自由学校）は，政府が資金を担うが，地方の教育委員会（local council）の管理下にはなく，学校の指揮権が強い。例えば，教職員の労働条件や，授業時間の設定なども学校独自で決定することができる。入試で入学者を選抜することはできず，ナショナル・カリキュラムに従う必要のない学校である。

神話 1
事実学習は理解を妨げる

人々がこれを信じ，それが教育政策と教室での実践に影響を与えたという証拠はどこにあるのか。

この神話を支えている理論

　事実を学ぶことが真の理解をもたらさない，という考え方を最初に提唱したのは，多分 18 世紀スイスの哲学者ジャン＝ジャック・ルソー（Jean-Jacques Rousseau）であろう。『エミール』（*Émile, or Education*）の中で，彼は「生徒には言葉で教えてはならない。生徒は経験によってのみ，教わるべきである」と提言している[1]。その理由は，事実を学ぶことは効果的ではないからであるとされた。「彼らにとって何も意味を持たない記号のリストを脳に刻み込むことが，どんな役に立つのか」[2]と。生徒は言われたことを正確に繰り返すことはできるかもしれないが，教えられた事実を使ったり，それを様々な用途に利用する方策は分からないだろうとルソーは唱えた。

　　あなたは，子供が幾何学の初歩を少しは学ぶではないかと言い，自分の主張を証明したと思うだろう。しかし，そうではない。反対に私の主張が正しいことを証明したのだ。あなたが示したのは，生徒が論理的に推論できるどころではなく，他の人の推論も覚えていることができないということである。なぜなら，これらの幼い幾何学者たちの使った方法を見れば，提示された図の印象や用語をそのまま記憶しているだけだということが分かるだろう。彼らは，少しでも新しいことを聞かれたら全く分からない。

図を逆さにしたら何もできないのである[3]。

さらに，このような事実学習は非効果的であるだけでなく，社会倫理にも反する。生徒を受動的にさせることにより，彼らは学ばないだけでなく，子供時代の喜びや興奮を奪ってしまうからだ，とルソーは続ける。

たとえ，子供の脳があらゆる事柄を受容できるような柔軟性を持っているとしても，それは，王様の名前や日付，紋章や，世界と地理の特殊用語を，現在の意味も将来どのように使うかも考慮せず，刷り込むためではない。そんなことをすれば，言葉の洪水で子供時代は悲劇的で不毛なものになってしまう[4]。

19世紀後半，教育理論家ジョン・デューイ（John Dewey）も経験と実技によって学ぶことの重要性を強調した。ルソーは，子供は「経験によってのみ教えられるべきだ」と考え，これはデューイ流に言えば「やってみることで学ぶ」（learning by doing）ことである。デューイにとって，その当時の学校の問題点は生徒が能動的でないということであった。

子供は受動的，受容的，あるいは吸収的な態度に追いやられる。そのような環境では，子供の自主性は育たず，その結果，摩擦と無駄が生ずる[5]。

ここでもまた，事実を教えると生徒が受動的になるということが繰り返されている。生徒を受動的にするということは，生徒自身の生れついた性向を無視することになり，学ぶ喜びがなくなり，学習が妨げられる。そして，問題は生徒に事実を教えることにあるとされている。

我々は子供に任意の記号を見せる。記号は知的発達において不可欠なものであるが，その有効性は，努力を効率化する道具になるというところにある。記号だけ与えられても，それは意味のない恣意的な，外部から押し付けられたものでしかない[6]。

パウロ・フレイレ（Paulo Freire）はブラジルの教育者で，1970年に書かれ

た『被抑圧者の教育学』（*Pedagogy of the Oppressed*）が最も有名な著書である。デューイ同様，彼の理論も大きな影響力を持ち，『被抑圧者の教育学』は世界中で 100 万部以上も売れた[7]。当然 1970 年代の全盛期には今よりも人気があったが，いまだに影響力を維持していることは，2007 年，教師を対象としたテレビ調査で，最も刺激を受けた教育に関する本の 10 位に選ばれたことで分かるだろう[8]。フレイレも，生徒に事実を教えると，周りにある現実についての真実を理解できなくなると批判する。

　　教師は ……　生徒の実生活から全くかけ離れたトピックについて説明をする。彼の仕事は講義の内容で生徒を「いっぱいに満たす」ことである。その内容は，現実から乖離し，全体性を示すことができないために，生徒は意味が分からなくなってしまう[9]。

彼は，自説を有名な銀行型教育の考え方に発展させて，事実教育がいかに理解を妨げるかを説明した。

　　教育はこのようにして預金という行動になる。生徒は預金の金庫で，教師は預金者である。コミュニケーションをとる代わりに，教師はメモを発行して知識を預け，それを生徒は辛抱強く受け取って暗記し繰り返す。これが「銀行型」の教育だ。ここで生徒に許される行動範囲は，預金を受け取り，整理し，そして保存することのみに限られる。生徒には知識を収集したり分類したりする機会ももちろんあるが，最終的にこの間違った教育方法を分析して言えることは，創造性，変化への対応，知識の欠如のために，貯蔵されてしまうのは人間自身であるということだ[10]。

これらの比喩的表現は，もう 1 人の著名な作家であるチャールズ・ディケンズ（Charles Dickens）を思い出させる。ディケンズは教育者ではなく小説家であったが，彼の作品や登場人物はあまりに有名で影響力があるので，ここで触れる価値がある。『ハード・タイムズ』（*Hard Times*）の冒頭にあるトマス・グラッドグラインド（Thomas Gradgrind，校長として知識教育を強調しすぎたため，生徒や自分の子供を不幸にしてしまう人物）の学校の描写は文学的にも傑作である。

さて，私が欲するのは「事実」である。この少年，少女たちには「事実」のみを教えてほしい。「事実」だけが人生で必要とされる。それ以外のものは植え付けることなく，すべて根こそぎに排斥する。「事実」の上にのみ，理性ある動物の心を形成することができるのだ。それ以外のものは彼らにとって何の役にも立たない。これが，私が自分の子供を育てる時の原則で，ここの子供たちも同じ原則で育てている。「事実」を固守するのだよ，君。……
　話し手と男性教師と，そこにいた3人目の大人は，少し後ろに下がり，さっと辺りを見渡した。階段教室には，生徒たちが小さな容器のように整列して，何英ガロン（英ガロンは約4.5リットル）もの事実を縁が一杯になるまで受け入れる準備ができていた[11]。

　お分かりのように，最後の隠喩はルソー，フレイレ，そしてデューイが使った隠喩と共通点が多い。ディケンズは，子供を事実を詰め込む受動的な受け皿と見る人々を批判しているのだ。小説のその後の部分では，グラッドグラインドの教育法にさらされた子供たちに何が起きるかが明らかにされている。子供たちはグラッドグラインドの娘ルイザのような，情緒的に未成熟な大人となるか，ビッツァーという登場人物のように無感情で冷酷な密告者になる。ちなみに『ハード・タイムズ』は先に紹介した教育に関する刺激的な本の世論調査で7位になっている。また，教育に関する真剣な議論でグラッドグラインドの名前が頻繁に取り上げられることにも驚く。時事問題に関するテレビ番組『ニュースナイト』では最近，試験制度改正の特徴を示すために，テレビドラマ化されたこの作品のかなり長いシーンを使った[12]。教師や教育に携わる人たちをグラッドグラインドと比べるのは，教師も情緒的に未成熟で，生徒に多大な感情的被害を与えていることを示唆しており，全くの侮辱である。
　これらの著者たちには共通の修辞的技法がみられる。事実は一般的に悪とされ，それ以外の善とされるものと対極に置かれる。事実は意味，理解，推論，重要性，そしてディケンズの言うfancy，つまり現代の私たちが想像力あるいは創造力と呼ぶもの対極にあるとされる。生徒が物事の本当の意味を理解でき，論理的に考え，想像的かつ創造的であることを望むなら，事実学習はそのような目的を達成するための方法ではないというわけである。
　時には，これらの理論家は事実それ自体に対してではなく，事実を学ぶこと

に伴う見方や作為的な方法に対して敵意を持っているだけであると主張する人もいる。神話2ではこの主張を取り上げ，これらの理論家が事実学習の代わりに好む実践例をさらに詳しく検討していくつもりである。しかしここでは，まず彼らの事実に対する態度を見てみよう。彼らの主張と表現の中に，事実という概念そのものに対する強い不快感が表されているという考えは理にかなっていると思えるのである。

教育現場における実践

　一見したところ，事実学習を重視するという考え方は，現代の教育システムの問題解決からはかけ離れているように見えるかもしれない。なぜなら，生徒がどんなにストレスを感じているか，私たちは頻繁に耳にするからだ。試験は一体いくつ受けねばならず，子供時代はなんてひどく惨めなことか，というような。確かに，そういう問題はまさにルソーや他の著述家が，過剰な事実学習だと判断したものだ。生徒たちが非常に多くの試験を受けなくてはならないのは，全く真実である。国連が言うように，先進国の子供たちが一番不幸なのかもしれない[13]。しかし，この問題は決して事実の詰め込みから来るのではない。それはこれから示していくように，現行の教育のあり方が，これまで概観してきたような考えに明らかに支配されているからなのである。

　そのような影響の足跡をたどるには，主に2つの道筋がある。教師の教え方を指示するカリキュラムと，彼らが使うように訓練される教授法である。教師がその達成を法律上求められているカリキュラムは，ナショナル・カリキュラム (National Curriculum for England, NC) とその関連文書を参照すればよく分かる。イングランドの学校で使われている教授法については，Ofsted（教育水準局）というイングランドの学校審査機関の報告書やその他の刊行物を見ることで確実にその変化をたどることができる。この章では NC のみを扱い，以降の章で Ofsted の刊行物を考察することにする。

　まず初めに，NC を情報源とすることの信頼性と重要性について検討するが，これはかなり簡単に証明できる。1988年に導入されて以来，公立学校ではこれを実施することが法律で義務付けられている。従って，NC が何を要求しているかを知ることは重要なのである。

　1999年に改訂された初等教育カリキュラムと2007年に改訂されたキース

テージ3（Key Stage 3）のカリキュラムでは，教科内容が意図的に削減されたり，時には完全に削除されたりした。これは教師に好きなことを教える自由裁量が与えられたと理解されがちだが，そういうわけではないのだ。これらの新しいカリキュラムでは，確かに教科内容に関する規定ははるかに少ないが，それでもかなり多くの規定がある。つまり，規定が内容に関してではなく，スキル，経験，一定の授業方法についてなされている。例えば歴史のカリキュラムについて見てみると，2007年のキーステージ3カリキュラムは知識ではなく，スキルの一覧を指定している。生徒が学ぶべきことは以下の通りである[14]。

歴史の探求
　生徒は以下のことができるようになるべきである。
　　a　1人であるいはグループの一員として，特定の歴史上の質問や問題点に関して，仮説を立てて検証しながら，識別し，調査する。
　　b　歴史上の質問や問題点について批判的に考察する。

証拠の利用
　生徒は以下のことができるようになるべきである。
　　a　広範な歴史的資料を識別し，選択し，そして利用する。資料にはテクスト，映像，口述，物品，歴史的環境を含む。
　　b　理にかなった結論に至るために用いた資料を評価する。

過去についての伝達
　生徒は以下のことができるようになるべきである。
　　a　歴史的語彙を用いながら，年代順に過去について事例を用いて一貫性のある説明をする。
　　b　歴史的語彙を用いながら，年代順に歴史の知識や理解したことを様々な方法で伝える。

ほとんどの科目の2007年カリキュラムがこのような形で規定されている。例えば，以下に示すのは，科学のカリキュラムの掲げる基本的スキルとプロセスであるが，驚くほど歴史に関するスキルと似通っている[15]。

実践的・探求的スキル

生徒は以下のことができるようになるべきである。
- a 考えや説明を発展させ検証するために，広範な科学的方法論や技術を使う。
- b 実験室，校外，作業場においてリスクを評価し，安全に作業をする。
- c 1人であるいはグループの一員として，実践的調査活動を計画し，実行する。

証拠を批判的に理解する

生徒は以下のことができるようになるべきである。
- a ICT（情報通信技術）によるものを含む広範な1次的および2次的資料からデータを取得し，それを記録，分析する。そして調査結果を科学的説明のための証拠として用いる。
- b 科学的証拠と作業方法を評価する。

伝達

生徒は以下のことができるようになるべきである。
- a ICTを含む適切な方法を用いて科学的情報を伝え，科学的問題についての発表や議論に貢献する。

ほとんどの科目についての重要概念は似たような体裁で示されており，探求，立証，伝達を含む。このカリキュラムに付随している案内書には意図的に「科目の内容に関する規定を少なく」してあり，「個々の科目の基盤となる重要概念やプロセスにより焦点を」当てたことがはっきり述べられている[16]。これは，デューイ，ルソー，フレイレの反論と同じであることが分かる。彼らは事実学習と理解とを対峙させ，カリキュラムでは科目内容と本質的な概念を対峙させている。デューイ，ルソー，フレイレと同様に，NC文書の表現には，事実学習と知識に対する不快感が露わにされている。このカリキュラムの意図する結果の説明にいたっては，「知識」という単語も「事実」という単語も一度として使われなかった。

目的は，初等教育段階における生徒の経験を構築し，彼らが成功した学

習者，自信を持った個人，そして責任ある市民となるために必要な，11歳から19歳向けの一貫したカリキュラムを開発することである。具体的には，このカリキュラムは若い世代に対して次の効果を意図している[17]。
- 高い基準を達成し，より質のよい進歩をもたらす。
- 学力差を縮小させ，11歳で期待されるレベルに達していない生徒が同年代のレベルに追いつくようにする。
- 質の高い個人的な学習，思考スキル（personal, learning and thinking skills, PLTS）を持ち，使うことができ，そして自立した学習者になる。
- 質の高い機能的スキルを持ち，使うことができる。
- 自分の潜在能力を引き出すために，挑戦されながら能力を伸ばす。
- 19歳まで，およびそれ以降の教育参加につながるよう，徐々に学習に対する意識と喜びを高めるようにする。

そしてカリキュラムの前書きで，責任者のミック・ウォーターズ（Mick Waters）がこう述べている。

　このカリキュラムは大切に扱われるべきである。我々のカリキュラムには，若者に国が提示する学習（learning）として真の誇りが宿るべきである[18]。

この表現にはややおかしなところがある。learningという単語が名詞として使われているところである。誰かの前に学習を提示するというのは不自然に聞こえ，誰かの前に知識を提示するとした方がずっと論理的であろう。この点は，ウォーターズや他のカリキュラム執筆者たちが，知識という概念そのものに対していかに不快感を持っていたかを示すもう1つの例であると思う。
　ミック・ウォーターズは，2005年から2009年までこのカリキュラムの立案に責任を持った組織，資格カリキュラム局（Qualifications and Curriculum Authority, QCA）のカリキュラム部局長であった。『ガーディアン』紙の教育コラムニストであるピーター・ウィルビー（Peter Wilby）は，ウォーターズは「過去20年間で多分誰よりも深く中等教育を変えたであろう」と述べている[19]。ウィルビーは，主に2007年のカリキュラム作成におけるウォーターズの役割からこのような判断をしているのであるが，カリキュラム執筆における

ウォーターズの影響力を見れば，知識や事実学習に対する彼の態度がもっとよく分かる。ウォーターズは教師・講師協会（Association of Teachers and Lecturers, ATL）の『変革の下に』（*Subject to Change*）という刊行物に自信に満ちた前書きを書いている。この刊行物はデューイ主義のカリキュラムを支持しており，生徒は歩きながら，土を掘りながら，小麦を植えながら授業を受けるべきで，「事実の丸暗記のかわりに転移可能な基本的スキルの指導によって育成されるべきである」と訴えていた[20]。2012年3月に，ウォーターズはATLに対するインタビューで，教育は「このような際限のない情報の伝達である必要はない」とも語っている[21]。

キーステージ3カリキュラムとは違い，初等教育カリキュラムは1999年以来改訂されていない。しかしここでも，各科目で教えるべきスキルとプロセスを法制化し，事実や知識は任意として，一般的で漠然とした表現で記述している点は似ている。従って，現行のNCは事実学習と概念理解の間に対立関係を作り，事実学習の価値に対して懐疑的であると言ってよいだろう。

NCの枠組に含まれるスキルの順番は，非常に人気のあるブルーム（Benjamin S. Bloom）の学習分類法と酷似している。ブルームの分類法は1956年に初めて提案され，生徒が伸ばすべきスキルをリストアップしている。知ることは一番下層に位置付けられ，階層が上がるにつれ，応用する，分析する，比較・評価するといった高次の思考スキルが続く[22]。

NCから科目内容が削除されたのは，教師が事実・内容を教えなくてよいという意味ではなかったという議論は可能であり，実際そういう議論もある。単に，教師に内容を選ぶ自由をもっと与えるためだというこの議論を，私は認めることができない。ここまで私が挙げてきた証拠を見れば，カリキュラムから内容を削除したのは，教師が教える内容を少なくするためであることが分かる。このカリキュラムの要点は，知識伝達を少なくし，概念理解に焦点を当てた活動や学習経験を奨励することなのである。つまり，新しいNCは，知識の伝達は概念理解を妨げるという考えを受け入れたのだ。

なぜこの神話が誤りなのか

私の目的は，真の概念理解や，重要な意味の純粋な評価や，高次のスキルの育成を批判することではない。これらはまさに教育の真の目的である。私が主

張したいのは，事実学習や科目内容がそういう教育目的に反するものではなく，むしろその一部であるということである。ルソーも，デューイも，フレイレも，事実が理解の敵であるとした点で間違っており，過去半世紀になされた科学的研究は彼らが間違っていることを証明している。彼らの考えに基づいて方針や実践法を決める現代の官僚や教育者たちも間違っており，しかも，彼らが信じた考え方を覆すような証拠が明らかになった今でも，間違った考えはまだ生きているのだから，言い逃れはできないはずだ。ルソーは18世紀，デューイは20世紀初頭，フレイレは1970年代に執筆活動をしたが，彼らの事実学習に関する分析が基本的に間違った前提に基づいていることは，20世紀後半になされた研究から十分に明らかになっている。

　人間の知能に関する現代の研究は，人工知能の研究から知見や刺激を得てきた。思考する機械を作るためには，科学者は人間が実際どのように考えるのかについて深く理解する必要があった[23]。ハーバート・サイモン（Herbert A. Simon）はこの分野における先駆者の1人だが，思考する機械を作ろうとする過程で人間がどのように考えるかについて多くの示唆を得た[24]。1960年代と1970年代に研究者たちは認知の基本的なモデルについてほぼ合意し，以来それを洗練化，精緻化してきた[25]。このモデルが示すところによれば，私たちの長期記憶（long-term memory）に残っている事実は認知行動に不可欠な重要性を持つ。カーシュナー（Paul A. Kirschner）とその共同研究者は次のように述べている。

　　　人間の認知における長期記憶の役割に関する我々の理解は，過去数十年の間に劇的に変わった。長期記憶は，自分が学んだことを繰り返させる，ばらばらで孤立した情報の断片の受容的貯蔵庫とは，もはや見なされない。また，思考や問題解決のような複雑な認知プロセスに周縁的な影響を与えるだけの，人間の認知構造（cognitive architecture）[訳注1]の単なる一要素と見られているわけでもない。むしろ，長期記憶は今や，人間の認知の中心的支配的体系であると考えられている。我々が見，聞き，考えることはすべて，長期記憶に大きく頼っており，また多大な影響を受けている[26]。

　脳の機能，つまりカーシュナーとその共同研究者の言う人間の認知構造を理

解することによって,なぜそうなのかという理由も理解できるだろう。私たちは解決すべき問題に直面すると,作業記憶(working memory)と長期記憶を使って解決にあたる。「作業記憶は意識と同等であり,人間は,作業記憶の内容に関してのみ意識でき,それを監視できる。作業記憶に取り込まれない限り,あるいは取り込まれるまでは,その他すべての認知的機能は視界から隠されている」[27]。つまり,私たちが問題を解決したい場合,その問題に関係するすべての情報を作業記憶に取り込もうとする。しかし残念なことに,作業記憶の容量は非常に限られている。文献ではまさに作業記憶の容量ついての論争がなされているが,直近の研究結果は,それがわずか3〜4項目に限られているかもしれないことを示唆している[28]。すなわち,私たちは同時にたった3つか4つの新しい項目しか,作業記憶に留めておくことができないということだ。これは問題解決能力に非常に大きな制限を課す。例としては,掛け算の範囲を拡大していけば分かるだろう。暗算で46×7を解くという問題を出されたら,これは答えられるかもしれない。なぜなら,作業記憶に同時に多くの新情報を留める必要がないからである。しかし,間違う可能性も少しある。なぜなら作業記憶を使って覚えなくてはならないことがいくつかあるからだ。この問題を解くにはいくつかの方法があるが,以下の2つが一般的であろう。

1　6と7をかけると42になる
2　1の位に2を残して4を10の位に上げる
3　7と4をかけると28になる
4　先ほどの10の位の4と28を足して32になる
5　1の位の2と10の位の32を合わせて322になる

あるいは,

1　40×7＝280
2　6×7＝42
3　280+42＝322

どんな方法でこれを計算するにせよ,作業記憶に1つの情報を留めつつ,もう1つの新しい情報を処理しなくてはならない。そして最初の情報は覚えてお

かなくてはならない。なぜなら最初の情報と2番目の情報を一緒に使わなくてはならないからだ。このような問題解決をする時，最後の計算にたどり着くまでに最初の計算の答を忘れてしまうことはよく起きる。3桁の数字に1桁の数字をかける問題は，作業記憶にさらに負担をかけることになる。

そしてもし，23322×42を暗算で解くように出題されたら，ほとんど答えられないだろう。それは問題の解き方を知らないからではなく，その問題を解くために作業記憶に同時に多くの情報を保持しなくてはならないからである。

作業記憶には限界があるが，その制限をごまかすことはできる。長期記憶には作業記憶のような限界はなく，何千もの情報を蓄えておくことができる。私たちは認知的負荷をかけずに，長期記憶から作業記憶に情報を呼び込むことができる。そのため作業記憶の限界をいろいろな方法でごまかすことができるのだ。例えば，長期記憶に蓄えられている知識をいくつかの塊に分けることができる。もし私が16桁の数字を5秒間見せて，それを再生しなさいと言ったら多分できないだろう。

4871947503858604

しかし，もし以下の16文字を5秒間見せて，それを再生しなさいと言ったら多分すべて正確に言えるだろう。

The cat is on the mat.[29]

それはなぜかというと，この16文字を意味のある別々の単語に分けることができたからであり，さらにそれをフレーズや文にまとめられるからだ。そのように一文を意味の塊に分けられるのは，長期記憶に蓄えられた文字が単語となる方法や，それぞれの単語の意味，そして典型的な構文についての背景知識によるものなのである。

私たちは規則やプロセスも長期記憶に蓄えておくことができ，このおかげで問題解決ができるのである。私たちが46×7のような問題を暗算できる唯一の理由は，問題解決に役立つある種の情報が記憶に蓄えられているからなのである。私たちは2桁の数字に1桁の数字をかける時は，桁ごとに掛け算をし，10の位の数は繰り上げて，それに10をかけるといった操作が絡むことを知って

いる。7×3が21で7×2が14であることも知っている。この問題には3項目よりずっと多くの新しい情報が含まれているが，ほとんどの人は関連する知識を長期記憶に持っているので解決することができる。そのような関連知識をしっかり長期記憶で覚えていないと，解決は難しいことになる。九九の表を暗記していない生徒は，たとえ掛け算とはどういうものかを概念的に理解していたとしても，このような問題を暗算で解くことはできないのである。

　ゆえに，私たちが事実を長期記憶に保持すると，それは現実的には私たちの思考装置の一部となり，人間の認知の限界を広げる最も大きな力となるのである。アンダーソン（John R. Anderson）は以下のように述べている。

　　　知性とは，全体として複雑な認知を生み出すように，小単位の知識を数多く集積・調律しただけのものである。全体は部分の合算以上のものではないが，しかし，それはたくさんの部分からなる[30]。

　たくさんのというのは誇張ではない。長期記憶は何千もの事実を蓄える能力があり，あるトピックに関して何千もの事実を記憶すると，それらが一体となってスキーマというものを形成するので，そのトピックについて考える時，私たちはそのスキーマを使う。そのトピックについて新しい事実に出会うと，それらをスキーマに吸収するのだが，スキーマにすでにたくさんの事実が含まれていれば，そこに加わる新しい事実を学ぶのはずっと楽になる[31]。

　事実学習に批判的な人たちはよく，全く意味なく選ばれた事実を取り上げ，こんな風に言う。ワーテルローの戦いの年号など誰に必要なのか，そんなことに何の意味があるのかと。もちろん，このように1つの事実をそれだけ取り上げるのはおかしなことだ。しかし，事実学習の目的は事実を1つ学ぶことではなく，数百の事実を学び，総体として世界を理解するための助けになるスキーマを形成することにある。従って，ワーテルローの戦いの年号だけを学んでもほとんど役にはたたないが，紀元前3000年から今日までの歴史的出来事150件の年号と，それぞれの出来事にまつわるいくつかの重要な事実や，なぜその出来事が重要なのかについて学ぶことは，限りなく有用である。なぜなら，それがすべての歴史的理解の基礎となる基本的な時系列スキーマを形成するからである。単に4×4が16ということを学んでもあまり役にはたたない。しかし，九九の掛け算表を学び，しかも問題が提示された時に瞬時に答えられるほ

ど完璧に暗記していることは，数学的理解の基礎となる。私たちが生徒にしっかりとした概念を理解してほしいなら，彼らにはより少ない事実ではなく，より多くの事実が必要なのである。

　ルソー，デューイ，フレイレそして NC の執筆者たちにとって，事実についての知識は，彼らが伸ばしたいと願っている能力や思考法と対立すると見なされる。意味の伴わない事実を教えることが学習の助けにならないということは，彼らも全員認識してはいる。ただそこから，事実を教えることは意味を教えることに敵対するという，飛躍した前提を持つに至った。しかし，それは正しくない。事実についての知識は，創造性，問題解決，分析，そしてまさに意味と理解に敵対するものではないのだ。知識はこれらの重要なスキルと密接に関連しており，これらのスキルを引き出すのであって，ある意味重要なスキルは，記憶にしっかりと定着した膨大な知識の総体としての機能なのである。

　もし生徒に分析力や評価力をつけさせたいなら，生徒はものを知っていなければならない。ダン・ウィリンガム（Dan Willingham）は次のように言う。

　　　最近 30 年のデータを見ると，科学的にはもう反論できない結論が導き出されている。つまり，よく考えるためには事実を知らなくてはならず，それは単に考えるためには対象が必要だからというだけではない。理由付けや問題解決のようなクリティカル・シンキングのプロセスは，教師が最も育成しようとするプロセスであるが，これも長期記憶に保存された事実に関する知識と密接に絡み合っている（周囲の環境の中から発見できるものではない）[32]。

　すでに説明したように，人気のあるブルームの分類表によれば，分析と評価は高次のスキルであるが，知識は低次のスキルの 1 つとされている。低次とか高次というような表現は，次の 2 つの間違った結論に人を誘導する。第 1 に，スキルは知識と分断されているかのような連想をさせる。第 2 に，知識は何となく価値が低く，重要でないかのような連想をさせる。この低次・高次といった比喩よりも，E. D. ハーシュ（E. D. Hirsch）の例えの方がよいと思う。彼は知識とスキルの関係をスクランブルエッグに例えた[33]。スクランブルエッグの白身と黄身は分けられないのと同様に，知識とスキルも分けることはできない。同僚のジョー・カービー（Joe Kirby）の比喩も私は好きだが，彼によれ

ば知識とスキルは二重らせんのようなもので，表層学習と深層学習が連携して進んでいくという。受動的事実学習を表層とし，能動的なスキルの実践を深層と特徴づけるよりは，知識とスキルは絡み合っており，スキルの進歩は知識の蓄積に依存していると理解すべきである。

　これがどのように働くのか，実際の例をいくつか挙げたい。おそらく一番基本的な例はアルファベットとその発音の学習であろう。アルファベットの文字と音の関係は，ある意味では完全に恣意的である。「a」という曲がりくねった文字がなぜ，私たちが皆それと結びつける母音を表すのかには何ら理由がない。それなのに，生徒がこれらの恣意的な文字と音の関係を，そこから意味を理解できるようになるための準備として学ぶことを私たちは当たり前としている。そのような事実を学ぶことは意味理解を妨げず，それは認められている。生徒はこれらの事実を記憶しつつ，長期記憶を拡張していき，その結果伝達能力を向上させ，より洗練された知的装置を発達させるのだ。

　もっと洗練された例として，際立って創造的な劇作家として誰もが認めるであろうシェイクスピア（Shakespeare）が受けた教育を取り上げる。

　　シェイクスピアは学校教育がいかに才能を育成できるかを示す優れた例である。ストラトフォード・アポン・エイボン・グラマー・スクールでの教育は，シェイクスピアに言語の使い方と古典作家たちについて十分な基礎知識を与えた。今日から見ると彼の受けた学校教育は偏狭で過酷なもの（生徒たちは100以上の修辞的表現法を暗記させられた）と感じられるかもしれないが，それは未来の劇作家にとって素晴らしい資産となった。シェイクスピアは学校で学んだことをすべて，様々な方法で自分の戯曲に利用した。最初，彼は言語の法則を学校で学んだ通りに利用した。彼の初期の戯曲には，機械的で時計仕掛けのように明確なパターンと決まったリズムを持つものがある。しかし，そういう法則に習熟してからは，法則に反したり変形したりできるようになった。『タイタス・アンドロニカス』や『ヴェローナの二紳士』から『ハムレット』や『テンペスト』における表現法の移行にそれは見られる。この証拠によって，シェイクスピアが受けた教育は暗記学習，繰り返し練習，法則厳守の価値を支持する議論に利用されてきた。別の言い方をすれば，「発見は準備のできた人にこそやってくる」ということだ。初期の作品にも，最盛期の作品を特徴づける質の

高い書き方が見られる。シェイクスピアは学校で学んだ知識を，心を打つような劇的展開と生き生きと表現された登場人物を作り出すために利用した。彼の演劇的想像力は，暗記と不断の練習という，今では不毛な訓練と見なされるものが生み出したのだ。機械的であったものが流暢で劇的な言語となって，感動的演劇を造り出したのである[34]。

　もちろん，このような教育を受けた人が皆，彼のような傑作を生み出したわけではない。シェイクスピアの創造的才能は，自分の得た知識を使う方法にあった。しかし，この分析から明らかなのは，事実学習にあふれた教育がこの天才を抑圧したのではなく，反対にその才能を開花させたということだ。
　従って，知識の蓄積に焦点を当てることを無視し，そして概念理解の育成にのみ焦点を当てることができると考える NC は，生徒の知識を限定するのみならず，一見概念理解に焦点を当てているかのように見えるが，それすらも育成されないことを確実にしているようなものだ。事実は何も学ばせずに，生徒が時系列の認識を発達させ，創造的な文章を書き，科学者のように考えるようになるとしている NC の策定者は，実は生徒がそれらのスキルを全く発達させないことを保証しているのだ。
　そのような授業に対しダン・ウィリンガムが言っていることを考察してみよう。彼の進言によれば，生徒に高次のスキルを使わせる時は，知識の基礎がしっかり確立されていることをまず確認すべきなのだ。

　以前参観した授業では，教師が 4 年次生に，熱帯雨林に住むというのはどういうことだと思うか，と質問をしていた。それ以前に生徒は数日かけて熱帯雨林について話し合ったが，かなり浅薄な解答（「雨が降りがちだろう」など）以上の答を出す背景知識を持っていなかった。教師がその課の終わりにも同じ質問をしたところ，生徒の答はずっと内容豊かにはなった。ある生徒は即座にそこには住みたくないと言ったが，彼女の理由は，貧弱な土壌と常時日陰のために，自分の食事に肉を取り入れなければならなくなるだろうというもので，それは彼女が菜食主義者だったからである[35]。

　これも知識の構築が洗練された高次な解答を可能にする素晴らしい一例であ

る。このような答は，熱帯雨林が貧弱な土壌と常時日陰になるような環境を持つことを「知って」いて，そのせいで，農作物を育てるのが難しいということを「知って」いて初めて可能になる。

　知識の基礎がしっかりしていないと，生徒はトピックの理解に苦労する。私は新しいトピックを導入する時，よく絵を1枚と高次な質問を1つ用意した。例えば，シェイクスピアの授業では，シェイクスピアの絵を1枚と「この絵からどういうことが言えますか」という質問である。戦争に関する詩の授業では，第一次世界大戦の塹壕の写真と「ここに住むとしたらどんな感じだと思いますか」という質問を用意した。生徒たちはいつも，あまり洗練されていない低次な答を返した。後者の質問に対してはよく「ひどいところ」というような答が返ってきた。私がもっと答を膨らますよう促すと，彼らは「ほんとにひどいところ」と答えた。私がどうしてそう思うのか聞くと，「泥がいっぱいで，私は泥が嫌い」という答が典型的だった。時々一風変わった生徒が，戦争が好きで，『召集』（*Call of Duty*）というビデオ・ゲームが好きだから，自分はそこに住みたいと答えたりする。このような質問は時にその価値以上に問題を引き起こすこともあった。例えば，ある時，シェイクスピアの絵を見たある生徒が自分のグループに，これは『オリバー・ツイスト』という映画を作った有名な作家であると言った。私は教室内の他のグループの様子を巡視しながら彼らのグループにたどり着いたのだが，すでに彼らはそれをノートに忠実に記録していた。過去の人物の絵に対しては，金持ち，気取ってる，ホモであるなどがよくある反応であった。私は一度，生徒になぜその結論に至ったのか，「なぜならば」（because）という単語を使って答えるよう求めた。指導訓練の時，そうするように勧められていたからである。この「なぜならば」という単語によって生徒が分析的になるだろうと期待したが，私の受け取った答は，「なぜなら彼の上着がおかしいから」とか，「なぜなら彼が奇妙な服を着ているから」といったものだった。「なぜならば」という単語を使ってみなさいといった一般的戦略では，知識の欠落を埋め合わせることはできないのだ。確かに「なぜならば」という単語は分析的解答の特徴ではあるが，生徒に「なぜならば」という単語を使わせることで分析的なよい解答が得られるわけではないのである。分析的な解答は知識の総体に依存しており，答の中に，ある単語を使うようにといった抽象的な助言が引き出すものではない。生徒にある単語を使うよう強制しても，分析するために必要な知識を与えたことにはならないから

だ。

　この時点で，私の事実の重要性についての議論は正しいが，どのようにそれを教えるべきかについては間違っているという反論もあるだろう。すなわち，この質問方式が私の授業でうまくいかなかった唯一の理由は，私が十分熟練した教師あるいは質問者ではなかったので，生徒が正しい事実をこの方式で学ぶことができなかったというものである。熟練した教師なら，生徒にこの方式で重要な事実を着実に学ばせ，しかも，重要な事実を集中して教えるだけの方法よりも，ずっと効果的にそれができるだろうということだ。

　もちろん，私にはこの方式に特に熟達しているわけではないことを認める十分な覚悟があるが，この議論は公平なものではないと思う。これらの理論の提唱者やNCのレトリックは，事実を教えるのによい方法や悪い方法があるということではなく，事実学習自体が重要ではなく，概念理解に時間を使う方がよいと示唆していた。この章で私が紹介した理論家や政府機関は明らかに事実の価値そのものに懐疑的であり，これまで見てきたように，彼らのレトリックでは事実学習は理解と対立するものとされている。

　しかしながら，指導方式の問題はやはり重要だ。これらの理論家は事実学習の価値に懐疑的であるため，事実を教えることを目的とした教授法の価値にも懐疑的なのだ。次章の神話2では，そういう教授法が影響力のある理論家や政府機関によって，いかに貶められ攻撃されてきたかを見ていく。

注
1) Rousseau, J.-J. *Emile, or Education*. Translated by Barbara Foxley. London: Dent, 1921, 1911, p. 56.
2) 同上，p. 76.
3) 同上，p. 72.
4) 同上，p. 76.
5) Hickman, L.A. and Alexander, T.M.（eds）. *The Essential Dewey. Volume 1, Pragmatism, Education, Democracy*. Bloomington: Indiana University Press, 1998, p. 233.
6) 同上．
7) Pedagogy of the Oppressed. About Pedagogy of the Oppressed, www.pedagogyoftheoppressed.com/about/ （accessed 6 March 2013）.
8) The Teacher（January-February 08）. Best books（2008）, p. 18, www.teachers.org.uk/files/teacher_feb08w.pdf （accessed 3 March 2013）.
9) Freire, P. *Pedagogy of the Oppressed*. London: Penguin, 1996, p. 52.
10) 同上，p. 53.
11) Dickens, C. *Hard Times*. London and New York: Penguin, 2003, p. 9.

12) 2012年6月21日に初放送されたもの。教育関係出版界では，グラッドグラインドの名前に言及した記事は頻繁に目にする。以下に挙げるのは，2012年に見られたいくつかの例である。Garner, R. Back to basics: Will Gove's National Curriculum overhaul prepare children for the future? (2012), www.independent.co.uk/news/education/schools/back-to-basics-will-goves-national-curriculum-overhaul-prepare-children-for-the-future-7848765.html (accessed 3 March 2013); Penny, L. To hell with the Gradgrinds - go to university (2012), www. independent. co. uk/voices/commentators/laurie-penny-to-hell-with-the-gradgrinds-go-to-university-8050313. html (accessed 3 March 2013); Deary, T. History is about people, not 1066 and all that (2012), www.telegraph.co.uk/news/politics/david-cameron/9570845/History-is-about-people-not-1066-and-all-that.html (accessed 3 March 2013); Jenkins, S. Michael Gove's centralism is not so much socialist as Soviet (2012), www.guardian.co.uk/commentisfree/2012/oct/11/michael-gove-more-soviet-than-socialist (accessed 3 March 2013).
13) UNICEF Innocenti Research Centre (Report Card 7). Child poverty in perspective: An overview of child well-being in rich countries. A comprehensive assessment of the lives and well-being of children and adolescents in the economically advanced nations (2007), www.unicef.org/media/files/ChildPovertyReport.pdf (accessed 3 March 2013); Ipsos MORI Social Research Institute and Nairn, A. Children's well-being in UK, Sweden and Spain: The role of inequality and materialism (2011), www.unicef.org.uk/Documents/Publications/IPSOS_UNICEF_Child WellBeingreport.pdf (accessed 3 March 2013).
14) Qualifications and Curriculum Authority. The National Curriculum. London: Qualifications and Curriculum Authority, 2007, p. 114.
15) 同上，p. 209.
16) Qualifications and Curriculum Authority. The new secondary curriculum: What has changed and why (2007), p. 4, http://deraloe.ac.uk/6564/1/qca-07-3172-new_sec_curric_changes.pdf (accessed 3 March 2013).
17) Qualifications and Curriculum Authority. Intended outcomes of the secondary curriculum (2013), http://webarchive.nationalarchives.gov.uk/20100823130703/ http://curriculum. qcda. gov. uk/key-stages-3-and-4/About-the-secondary-curriculum/Intended-outcomes/index.aspx (accessed 3 March 2013).
18) Qualifications and Curriculum Authority. The new secondary curriculum: What has changed and why (2007), p. 2, http://dera.ioe.ac.uk/6564/1/qca-07-3172-new_sec_curric_changes.pdf (accessed 3 March 2013).
19) Wilby, P. Mick Waters, curriculum guru, takes stock. Guardian (2010), www.guardian.co.uk/education/2010/sep/07/mick-waters-qualifications-curriculum-authority (accessed 3 March 2013).
20) Johnson, M. *Subject to Change: New Thinking on the Curriculum*. London: ATL, 2007.
21) Association of Teachers and Lecturers. No silver bullet (2012), www.atl.org.uk/publications-and-resources/report/2012/2012-march-no-silver-bullet.asp (accessed 3 March 2013).
22) Bloom, B.S. *Taxonomy of Educational Objectives: The Classification of Educational Goals. Handbook I: Cognitive Domain*. New York: Longman, 1956, pp. 201-207.

23) McCorduck, P. *Machines Who Think: A Personal Inquiry into the History and Prospects of Artificial Intelligence.* 2nd edn. Natick: AK Peters, 2004.
24) Frantz, R. Herbert Simon. Artificial intelligence as a framework for understanding intuition. *Journal of Economic Psychology* 2003; 24: 265-277.
25) 例えば以下を参照せよ。Rumelhart, D.E. and Ortony, A. The representation of knowledge in memory. In: Anderson, R.C., Spiro, R.J. and Montague, W.E.（eds）*Schooling and the Acquisition of Knowledge.* Hillsdale: Lawrence Erlbaum Associates, 1977; Anderson, R.C. and Pearson, P.D. A schema-theoretic view of basic processes in reading comprehension. In: Pearson, P.D.（ed.）*Handbook of Reading Research.* New York: Longman, 1984, pp. 255-291; Atkinson, R. and Shiffrin, R. Human memory: A proposed system and its control processes. In: Spence, K.W. and Spence, J.T.（eds）*The Psychology of Learning and Motivation: Advances in Theory and Research. Volume 2.* New York: Academic Press, 1968, pp. 89-195; Ericsson, K.A. and Kintsch, W. Long-term working memory. *Psychological Review* 1995; 102: 211-245; Baddeley, A. *Working Memory, Thought and Action.* London: Oxford University Press, 2007.
26) Kirschner, P.A., Sweller, J. and Clark, R.E. Why minimal guidance during instruction does not work: An analysis of the failure of constructivist, discovery, problem-based, experiential, and inquiry-based teaching. *Educational Psychologist* 2006; 41: 75-86.
27) Sweller, J., van Merriënboer, J.J.G. and Paas, F.G.W.C. Cognitive architecture and instructional design. *Educational Psychology Review* 1998; 10: 251-296.
28) Cowan, N. The magical number 4 in short-term memory: A reconsideration of mental storage capacity. *Behavioral and Brain Sciences* 2001; 24: 87-114; Cowan, N. *Working Memory Capacity: Essays in Cognitive Psychology.* Hove: Psychology Press, 2005. See also Miller, G.A. The magical number seven, plus or minus two: Some limits on our capacity for processing information. *Psychological Review* 1956; 63: 81-97.
29) これらは以下の著作で挙げられた例を書き直したものである。Hirsch, E.D. *Cultural Literacy: What Every American Needs to Know.* Boston: Houghton Mifflin, 1987, pp. 34-35.
30) Anderson, J.R. ACT: A simple theory of complex cognition. *American Psychologist* 1996; 51: 355-365.
31) Johnson Laird, P.N. *Mental Models: Towards a Cognitive Science of Language, Inference and Consciousness.* Cambridge, MA: Harvard University Press, 1983; Anderson, R.C. and Pearson, P.D. A schema-theoretic view of basic processes in reading comprehension. In: Pearson, P.D.（ed.）*Handbook of Reading Research.* New York: Longman, 1984, pp. 255-291.
32) Willingham, D.T. *Why Don't Students Like School?* San Francisco: Jossey-Bass, 2009, p. 28.
33) Hirsch, E.D. The 21st century skills movement. *Common Core News*（2011）, http://commoncore.org/pressrelease-04.php（accessed 3 March 2013）.
34) Gibson, R. *Teaching Shakespeare.* Cambridge: Cambridge University Press, 1998, pp. 46-47.
35) Willingham, D.T. *Why Don't Students Like School?* San Francisco: Jossey-Bass, 2009, pp. 48-49.

訳注
1 原著の Index には，1，2，4，5 章に現れる長期記憶に関する説明のページが挙げられている（日本語訳では 29〜34 ページ，57〜62 ページ，91〜95 ページ，108〜119 ページに該当）。しかし原著でも cognitive architecture という表現は他に出てこないため，日本語訳でも，この後「認知構造」という表現は出てこない。唯一 91 ページに「脳という構造物（brain architecture）」という類似表現がある。

神話 2
教師主導の授業により生徒は受け身になる

人々がこれを信じ，それが教育政策と教室での実践に影響を与えたという証拠はどこにあるのか。

この神話を支えている理論

　前章で，多くの教育理論家が事実学習の価値にいかに懐疑的であるかを見てきた。最後には，彼らは事実について懐疑的であるわけではなく，事実を伝えるある種の方法に懐疑的である可能性を示唆した。確かに，理論家の多くは教師主導で事実を教える指導法を非常に毛嫌いしている。受動的で非人間的な教え方のように見えるからである。そのため，事実を教えることは結局役に立たないと主張している。生徒たちが学ぶべきすべての事実を，教師の指導をできるだけ含まないプロセスによって学ぶことは，倫理的な問題と言うよりは効率の問題である。もし教師が学習環境を十分に整えることができれば，生徒は最小限の指導だけで，あるいは自己発見により学習できるようになるであろう。
　ルソーは教師が生徒に質問することの価値について以下のように批判している。

　　あまりに多くの質問は，多くの人にとって，特に子供たちにとっては退屈で腹立たしいものである。数分もすれば彼らは注意散漫になり，教師の絶え間ない質問など聞かなくなり，でまかせに答えるようになる。このような方法で子供たちを試すのは，単に知識をひけらかしているだけで役には立たない[1]。

ルソーによれば，私たちはアルファベットの名前や音を説明することで子供に読み方を形式的に教えるべきではない．そうではなくて，学ぶ環境を注意深く設計することで，子供たちが重要なことを何でも吸収できるように，彼らの好奇心を刺激するのが私たちの目指すべきところであるという．

現時点での興味，それこそが我々をずっと先まで無事に導く唯一の原動力である．時々エミールは両親，親戚あるいは友達から招待状を受け取る．それは，ディナー，散歩，ボートでの遠出，あるいは何か芸能を見に行くというようなことである．招待状は短く，明瞭簡潔によく書けている．誰かが招待状を彼に読んであげるべきだが，そうしてほしい時にはいつも誰も周りにいない．時が経ち，機会は失われる．招待状は結局は読んでもらえるが，それでは遅すぎる．エミールが読み方を知ってさえいたら！ 彼はとっても短くて，面白そうなメモを受け取ることもあり，それらを読んでみたいと思う．助けが得られることも，得られないこともある．エミールは最大限努力し，ついにはメモの半分だけを理解する．それは例えば明日クリーム飲料を飲みに行こうというようなことなのだが，どこへ，誰と，というようなことは彼には分からない．どんなに一生懸命，残りの部分を理解しようとすることか！ 私はエミールが bureau を必要とするとは思わない．[英語版注：bureau とはアルファベットの文字が入っている入れ物で，その文字を組み合わせて単語を作る．読み方を教えるためによく使われていた教材で，今でも bureau-method という方法にその名前が残っている．] 書くことを教えることに進もうか？ いや，私は教育に関する論文に現れるこういうつまらないことにだらだらと時間を費やすことはしたくない[2]．

デューイもまた，子供たちが自分の好みと興味によって自らの教育プロセスを決めることができるような方法を賞賛している．

従って，私は学校での科目の相互関係の中で，真に中心となるものは科学でも文学でも歴史でも地理でもなく子供自身の社会活動であると信じている[3]．

神話 1 で私たちは，事実の学習が真の理解を妨げてしまうような教育を"教育の銀行化"とみなすフレイレが，いかに事実中心の教育を批判してきたかを見た。フレイレは同時に別の形の教育を提唱しており，それは議論，意見交換，質問といった活動に基づいている。教師が知識を生徒に伝えるのではなく，教師と生徒の間でなされる議論や意見交換が新しい知識の創造に繋がるというものである。彼にとっては，これが教育の目的であるべきで，知識の共同創造として知られるようになってきている。

　　探求や実践なくして，個人は真に人間的であり得ない。知識は創造（invention）と再創造を通してのみ，つまり人間が自分を取り巻く世界の中で，その世界や他の人間と関わりつつ，創造を渇望する前向きな探求を継続的に行うことによってのみ，生まれてくるのである[4]。

教師はもはや権威者であってはならず，共に学習する 1 人の生徒となるべきなのである。

　　教育は，教師と生徒が同時に教師であり生徒であるような関係の中で，双方の対立を緩衝することによって，教師対生徒という対立を解消するところから始まらなければならない[5]。

フレイレ派実践者は，この方法がどう実行されるかについて，より具体的な例を挙げている。

　　フレイレは彼の理論的分析を実践的な方法論に変換した。鍵となるステップは人々に自身の人生を振り返って考えさせることにある。これを達成するため，フレイレは「コード化（記号化）」という方法を開発した。そこでは，地域的環境で起こる本質的な対立が絵や写真を使って一般化された形で表現される。参加者は意見交換しながら，これらを「解読」することで，徐々に自分たちの現実に客観的に向き合えるようになる。次にこれらの絵から想起される言葉，つまり「生成語」を創出し，それが次に読み書きの指導の導入として使われる[6]。

ドリルと暗記もこれら教育理論家により頻繁に批判されており，多くの現代の著述家はそのような実践に対して「暗記学習」とか「ドリル漬けの学習」といった軽蔑的な表現を使っている[7]。ルソーは「エミールは暗記では何も学ぶことはないだろう」と言い[8]，フレイレはそのような暗記は生徒が物事の本質を理解するのを妨げるという理由で，事実を暗記させるような教え方を批判している。

　　　言葉には具体性がなくなり，内容が空疎で，生徒にとってはよそよそしい，また疎外感を感じさせるようなくどい表現となってしまう。例えば「4×4 は 16；パラ州の州都はベレン」。生徒は 4×4 の真の意味を理解せずに，あるいは「州都」の真の重要性，すなわちベレンがパラ州にとってどんな意味のある場所で，パラ州がブラジルにとってどんな意味を持つのかをきちんと認識することなしに，それらのフレーズを記録し暗記し繰り返す[9]。

　これら教育専門家の話によると，事実を教えることは 2 つの理由で好ましくないとされる。第 1 に，それは実は不道徳，つまり子供を傷つけるものである。それは子供からあらゆる喜びと自発性を奪い，子供を受動的で無思慮な生き物に変えてしまう。第 2 に，それは非効率でうまくいかない方法である。事実を教えることは実際，学習の助けにはならない。生徒たちは彼らにとって何の意味もない多くのことを単に覚えるだけで，本当の意味を考えておらず，ただ単に反復するだけだろう。生徒を教育するにはもっと有効な方法，より有効でかつより喜びを与えられる方法がたくさんある。形式的な方法で自分の世界の外にある事実を習う代わりに，生徒は最低限の指導と自己発見を通して学ぶべきである。教師主導の度合いが小さいこのような指導方法についてよく使われる言い回しは，教師は「注目される賢者」であるより「目立たない案内人」であるべきであるというものである[10]。

教育現場における実践

　繰り返しになるが，多くの人たちの考え方は，イングランドの授業では教師主導の学習が多すぎ，その理由の 1 つは Ofsted が教師主導の教え方を要求し

ているからだというものだ。カンブリア（Cumbria）大学の教授であるピーター・オーベンス（Peter Ovens）博士は「およそ3分の1の大学生が自主的に学ぶことに苦労している」ことを示す研究を公表した[11]。彼は，これは「教育目標とOfstedの要求に応じること」に過度に焦点を当ててきた学校教育の弊害であると主張している[12]。そして，「大学の教師は，学生を知識を詰め込むべき空の入れ物とみなしてはいけない」と，グラッドグラインド（Gradgrind）的な比喩を使って持論を締めくくった[13]。オーベンスの議論では，学生たちが自主的に学習することができない理由は，彼らがそれまで，Ofstedの要求に応えようとする教師によってずっと指導されてきたためであるとされている。しかし，私はここで現実の実践はこれとはかなり異なっているということを提示したい。教師は確かにOfstedの要求に応じることに邁進しているが，要求そのものは教師が教室において教師主導の教え方をするように求めているわけではない。逆に，デューイやルソーやフレイレが提唱しているように，Ofstedは子供たちが教室の主導権を持つような教え方を教師に要求している。本章において，私はOfstedが教師に与えている助言を詳しく見ていきたい。前章（神話1）においては，事実を学ぶことに関するナショナル・カリキュラム（NC）の考えを考察したが，このカリキュラムが教室において実際どのように機能しているかについての証拠は，Ofsted自体が最も信頼の置ける形で提供している。

　まず第1に，私たちはこれらOfstedの推奨する授業方法がどれだけ信頼され重要性を持っているかを証明する必要がある。NCの場合と同じように，Ofstedにはイングランドの学校を査察するという法的な義務がある。Ofstedの査察官は学校の組織がどのように機能しているかや教師の統率力を査察するとともに，授業観察をして判定を下す。Ofstedが，ある学校が基準に達していないと判定すれば，学校長の解雇，さらには学校の閉鎖に繋がることもある。もしOfstedが個々の教師の授業を見てそれが満足できるものでないと判断すれば，その教師の経歴に傷がつく。Ofstedによる査察を受ける際に教師や学校経営者が感じるプレッシャーは詳しく記録されている[14]。Ofstedは明らかに強大な権力を持っているのである。Ofstedが望んでいることを理解するために，顧問，ブロガー，相談役などが高い評価を得るための方略を学校に説明・進言しようとするので，実際には整合性がなく一貫性もない教育産業が生まれている[15]。

Ofstedは授業査察の基準をオンラインで公表している。この基準は最近改訂されたが，新旧版共にかなり曖昧である。かなりの部分がその表現をどう解釈するかということにゆだねられているので，私は他のOfstedの出版物も考察したいと思う。授業査察の基準同様，Ofstedは個々の学校の査察報告も公表している。これらの報告は，どんな授業が良いとされるかに関して，基準よりも具体的な説明を提供している。しかし，それらの報告も，教室での実践を詳細に記述しているわけではない。私たちの目的に対して最も有用な出版物は科目別報告書であり，そこで査察官は彼らが観察した何千という同一科目の授業を総括的に見て，最良の実践を選んでいる。ただし，この科目別報告書を国内のすべての教師が詳細に読んでいるわけではない（報告を詳細に読む教師がいることは間違いないと思うし，私自身それらの報告について長々と議論するような学内外の研修に参加してきたけれども）。国内のほぼすべての教師は，Ofstedの方針に同調しており，科目別報告書に掲載された授業についての記述はOfstedが望んでいることを理解する最も信頼できる方法を提供している。私の教育上の経験からも，科目別報告書の記述はOfstedの方針に細かく対応していると思う。私が研修を終えて教師を始めたころに得た教訓の1つは，あまり話しすぎてはいけないということであった。ある教員研修所の教官が私に，教師が話している間生徒は学習していないと言ったことをよく覚えている。私が最初のOfstedの査察を受けた後，査察官は私の授業計画と実践方法を賞賛した。私は自分が話すのに費やす時間を最小限にとどめたのである。科目報告書を見ると，こういった助言や賞賛が珍しいことでないことが分かる。

　これらの報告書の問題点の1つは，Ofstedによる査察が事前に通告されているということである。これは，教師がOfstedのために，その時だけ求められているような授業をして見せることができ，実際そうしていることを意味する。長い間多くの教師たちが苦情を言ってきたのは，Ofstedから高い評価を受けるような授業は，何度も繰り返すことができないという点についてである。よって，私がOfstedの報告書にあるような素晴らしい授業例を示す時，このような授業が常に行われているというつもりは全くない。しかしながら，これまで見てきたようなOfstedの持つ権力，Ofstedの査察に対応するために発達した教育産業，そして多くの学校がOfstedの基準に合わせて内部監査システムを作り上げているという事実を考えると，Ofstedがある種の授業を要求した場合，それには従わざるを得ないということである。教師はその要求に

耳を傾け，注意を払うだろう。従って，Ofsted の査察報告書および科目別報告書は，学校で実際何が起こっているかを知るためのかなり信頼できる資料であり，教師が行うように指示されている要求を知る上では信頼性の高い資料であるといえる。

　Ofsted の重要性は分かるが，Ofsted が要求するものは一体何だろうか。Ofsted の出版物は，私が前章で概説した理論に影響を受けた1つの重要なメッセージを一貫して奨励している。最も広い意味では，それは教師が指示しすぎないようにする警告である。教師たちに対しては，話しすぎず，生徒に物事を教えすぎないように注意が与えられている。そこで奨励されている授業計画は，生徒たちがグループ活動を通じて，すでに知っていることを議論したり新たな発想を得るために話し合ったりすることである。

　本書にはオンラインで利用できる付録があるが[16]，そこには次に示す科目の科目別報告書に収録されたすべての具体例（授業例）について，その要約を載せてある。科目は，芸術，英語，地理，歴史，数学，現代外国語（MFL），宗教教育（RE），科学であり，授業例の多くは Ofsted が「良」または「秀逸」と評価したものであるが，好ましくない例も若干含まれている。全部で228の授業例があり，科目ごとの内訳は，芸術（26），英語（33），地理（42），歴史（18），数学（18），MFL（54），RE（19），科学（18）である。これらの報告は最近のものであり，最も古い事例は2010年6月，最も新しいものは2012年5月のものである[17]。

　私は，Ofsted が賞賛する授業の中には望ましくないものがかなり混じっていると感じている。本章の後半および神話5（5章），神話6（6章）でその理由について触れたいと思う。しかし現時点で私が指摘したいことは授業の善し悪しではなく，Ofsted が高く評価している授業の中で教師が事実を教えている授業は極めて少ないということである。酷評された授業では，ほとんどの場合，非難されている点は教師が話しすぎることであったり，事実を伝えることであったり，事実を思い出させるような活動をさせることであった。ここに，そのような授業例をいくつか紹介する。

　以下の英語の授業では，教師が新しい知識について生徒に説明する代わりに生徒がすでに知っていることについて議論している。

　　　かなり優秀な生徒からなるグループが校内放送の番組制作をしていた。

生徒たちは，10代の聴衆が興味を持っている内容を取り上げ，いろいろな登場人物を使ってメロドラマを作ろうと決めていた。そして，生徒向けに毎日放送されることになっていた。査察官は，教師の支援のもとに生徒たちが番組台本を作る脚本会議を観察した。初期の台本は学校のパストラル・ケア（生徒の心の問題を扱うチーム）のメンバーに披露され，変更を提案された。結果として，台本執筆チームのメンバーは協力して台本に新しい要素をいくつか付け加えた。制作会議では，実際のテレビやラジオの昼メロの傑作の一部となりそうなほど，あらゆる要素が取り入れられ，脚本は非常に成功した現実感のあるものとなった。生徒の1人はそれを「現実を取り込んだ創造的な脚本」と表現した。生徒たちは作業中意見を述べ合いつつ，うまく編集を重ね，大変自由な討論が行われた。査察官は教師と学習者の役割がうまく融合していたと記している[18]。

　この教師と学習者の役割の融合はフレイレが推奨していたことでもある。
　別の英語の授業例は，生徒がすでに知っていることについて書くというもので，そうすることで，教師には知識を伝える必要がなくなる。

　　ある簡単な例では，7年生が，制服について校長宛ての手紙を書くという課題に取り組んだ。作業の後，校長は生徒たちとこの問題について議論するためにクラスを訪問することとなった[19]。

　生徒たちが未知の事柄に触れる時でさえ，焦点は依然として自分たちの議論と発想にあり，教師からの情報提供は限られている。以下に示す宗教教育科目の授業例として取り上げられた天使についての議論では，教師の指示は課題を設定するだけである。教師から生徒への知識の伝達は全くなく，生徒が議論している間，教師は単にそれを促し最後に結果を記録するのみである。

　　教師がこの授業では天使について調べてみようと生徒たちに言い，「天使」という言葉を聞いた時にどんな思いや疑問が心に浮かぶかを尋ねた。続いて生徒たちには，グループで議論するために，多くの質問が投げかけられた。例えば，「天使は何かに似ているだろうか」，「天使の仕事は何だろうか」，「天使は実在するか空想上のものか」，「妖精に似ているか」，「も

し天使に出あったらどうするか」,「天使は世の中をどう変えられるか」などであり，活動の成果は共有され記録された[20]。

授業で生徒に新しい知識を伝える場合であっても，生徒の注意を新しい知識に向けるのは教師の力ではなく，以下の英語の授業例のように生徒自身の興味と好みによることが多い。

　　　生徒は能力混成のグループに分けられ，調べるために必要な一揃いの雑誌や新聞が与えられる。生徒はどんなものでもよいが自分で興味がある記事を選び，その内容について簡単にまとめた後，クラス全員に向かって発表する[21]。

授業が，生徒たちにとって未知の知識を含んでいる場合でも，教師がその知識の説明をする時間は割り当てられていない。これらの報告書の記述には，「教師が説明する」という表現を用いた文は極めて希であり，「生徒たちは議論する」という表現が多く見られる。例えば，野外活動の準備が必要な地理の授業でも，教師は生徒たちに課外活動中の健康と安全についての規則を教えたり説明したりしない。生徒たちがそれについて議論するのである。

　　　3, 4年生の児童は教師や補助教員（TA）と一緒に野外調査を完了した。子供たちが教室から実際の活動の場に移動する間に，健康と安全および観察器具の取り扱いについての話し合いが行われた[22]。

これらの授業において，教師がしていることを報告書から理解するのはかなり難しい。そこでは児童たち――とても幼い子供たちも――が，授業計画の立案と実施の大部分を行っているような記述がなされており，教師について言及すらされていないことも多い。次の例は，生徒がすべての計画と活動を決めているように見える科学の授業についての報告である。

　　　8年生が，石灰石に対する酸性雨の影響についての研究の一環として，酸とアルカリに関する学習単元を終え，グループ学習をした。彼らの多くは，時間をかけて仮説を作り，その後計画を立てて自分たちで実践的な研

究を行った。生徒たちはパワーポイントで作った質の高い資料を使って，自分たちの研究結果を教室で発表した。生徒たちとの議論からそれらの発表がいかに多彩であるかが分かった[23]。

ここに，もう1つ年少の児童のグループが行った地理の授業例を示す。

4年生の児童は，森林伐採や観光開発がブラジルの熱帯雨林に暮らす先住民に与える影響を考えるために演劇を使った。児童たちは少人数に分かれて活動し，それぞれが自分たちが作った短編を発表する間，他の児童はそれによって提示された見解を注意深く聞いていた[24]。

子供たちに知識があることが賞賛される一方で，その知識を教える過程が示されていない授業例が他にも多々ある。これは特に，現代外国語（MFL）の授業報告に顕著である。以下の報告は，文法的技法をしっかり理解している子供たちを賞賛しているが，子供たちがそうした技法を習得する過程は全く示されていない。

子供たちが音と綴りの関係を理解していることを示すよい例は，2人の4年生が自分の小さなホワイトボードに"un chat blue"と書き，それをお互いに相手に聞こえるように読んだ時に見られた。2人は自分たちが"blue"を"bleu"のように発音できないこと，英語の綴りを使ってしまったことにすぐに気づき，これを修正した。このクラスでは，子供たちはすぐにフランス語の綴りに慣れ，アルファベットがフランス語でどのように発音されるかに精通するようになった[25]。

ここでもまた，Ofstedの査察官は，教師が子供たちにフランス語の綴りを教える方法を説明したり賞賛したりする代わりに，子供たちが自発的に「フランス語の綴りに慣れた」という方法を賞賛しているのである[26]。

これらの報告の多くは，よい実践を記述することに焦点を当てているが，よくない実践例もいくつか紹介している。芸術の授業報告では，26の授業または学習例の記述があるが，そのうち24は良い評価を受けたものである。以下は批判された授業の例である。

「抽象」と「表現主義」の意味についての議論に続いて，それらの定義が書いてあるプリントが教師から配られ，生徒はそれを自分のスケッチブックに貼り付けた。フランク・ステラ（Frank Stella）の人生の伝記的な要約も配られた。それを読んだ後，事実情報に関して生徒たちがどれくらい覚えているかに焦点を当てた質問がなされた。その後で実践的な活動を触発するために，ラミネート加工したステラの作品の複製が使われた[27]。

　この授業は，「生徒の読み書き能力に過度に依存しており」，また「生徒たちが自ら学ぶ十分な機会を奪ってしまった」[28]という理由で批判されている。これは，報告書の中で，教師が明確に事実を伝達した唯一の授業である。その一方で，芸術の授業報告では，もっと多く気軽な調査や学びを取り込んでいる以下の授業の方を賞賛している。

　　最初に，子供たちは異なる文化における伝統的な結婚式について調べた。子供たちは，ウェディングドレスを着たり，結婚式ごっこをしたり，新郎新婦の絵を描いたり，式で使われる道具を用意したり，出席者リストと席次表を作ったり，ケーキや贈り物を準備するなどした。そうして生まれた想像力豊かな芝居には，2人の子供と共に，結婚式場のスタッフも参加した。2人の子供は，近くの教会で行われる伝統的なキリスト教の儀式を再現するための「新婦役」と「新郎役」であった。子供たちは，家族関係者および結婚の証人役の地元の人々に招待状を発送した。その地区の牧師が儀式を取り仕切り，新郎新婦に「公の」結婚証明書を与えた。その後，子供たちは結婚披露宴のために招待客を学校に招いた。会場には装飾がなされ，子供たちが事前に作っておいた3段重ねのウェディングケーキなどの食べ物が並べられた。この特別な日を祝うために新郎新婦のための乾杯では，ソーダ水が使われた。「結婚式写真家」によるデジタル写真がこの特別な瞬間を捉えており，後で子供たちはその日の出来事を絵に描いて記録した。学校の講堂には児童の作品が展示され，それを見た地域の人々や学校への訪問者はその後この活動を話題にして多いに語り合うこととなった[29]。

同様に，宗教教育（RE）の報告も「生徒の調査，解釈，分析，評価そして内省の技能を育成することよりも，情報収集に重点を置く傾向にある」授業を批判している[30]。これは，デューイ，ルソー，フレイレが事実学習と理解の間に置いた対立とよく似ている。

数学の報告書でも，教師が多く話す授業が批判されている。そこには，「"可とする"という評価の授業の多くに共通な特徴は，教師がしゃべりすぎる傾向である」と書かれている[31]。（Ofstedの場合，「可」（satisfactory）という評価は，実際には「改善を要する」という意味であることに留意が必要である）[32]。代わりに報告書は，教師による説明が適度に簡潔であるような授業を賞賛している[33]。実践と事実の暗記を含む以下の授業モデルは批判されている。

観察された「可」という評価の授業に共通な特徴は，例を用いた後，多くの似かよった質問演習を行っていることである。これにより，スキルやテクニックは強化されるが，問題解決のためのスキルや概念の理解にはつながらない。教師は，生徒に間違いを避けるためのコツを教えたり，時には，やり方の記憶を助けるための「規則」や記憶術を教えたりしながら，標準的な方法を説明する。教師たちの質問の多くは事実の記憶に関するものであり，事実の想起が要求されるため，生徒たちの説明はしばしば自らの答がなぜ正しいのかを述べるというよりも教えられた方法の言い換えになってしまっている[34]。

こうした教師主導の授業の代わりに，以下のような生徒主導の問題解決型の授業が賞賛されている。

最初に，子供たちはパーティーに来た様々な客（ネズミの赤ん坊から巨人まで）にそれぞれ1つずつ風船を用意する。続いて，個々の客に合わせて，風船に付けるひもの長さ（5センチから2メートル）を測る。優秀な補助教員（TA）は，ひもは結びつける前に測って切っておくべきか，それとも先に結んでから測るべきかについて，子供たちにしっかり議論するよう促した。TAは，子供たちが最初に結んでから長さを測ると決めた時，もう1つの方法の方に子供たちを誘導しようとはしなかった。子供た

ちは，風船にひもを結びつけた後で，その長さを測ろうと格闘した。そのことで，一旦ひもが風船に結び付けられてしまうと正確な計測が難しくなることが理解できた。また，ひもの中には風船に取り付ける時に足りなくなってしまうものがあることを悟った。このことはどちらの方法をとるべきかについてのより深い議論に繋がった。子供たちは課題に対する戦略を訂正し，その結果，課題を成功裏に完成させることができた[35]。

このように，Ofsted にとっては教師主導の事実学習は極めて問題がある。Ofsted が高評価を与えた教師が使うレトリックや実践例を見ると，彼らが，本章の冒頭にまとめた理論的見地を概ね支持していることが分かる。つまり，子供に初めて触れるような事実を教えることは，子供たちを受動的にし，教育の助けにならないという考え方である。そして，その代案として，事実学習をできるだけ減らし，教師の関与をできるだけ最小にとどめて，問題の議論にできるだけ多くの時間を費やすことを推奨しているのである。

なぜこの神話が誤りなのか

この神話はどのくらい本当なのだろうか。教師の教えや説明を最小限にとどめるように設計された学習経験を通して，これから必要となるあらゆる事実を子供たちが自立して学ぶことは果たして可能なのだろうか。私は可能ではないと考える。こうした議論は，根本的な論理的間違いによって，もっともらしいと受容されているにすぎない。学校教育の目的は，生徒が勉強し，学び，自立して問題を解決できるようになることであるというのが賛同者たちの言い分なのだが，自立性を達成するための最善の方法が自立して学ぶことであると常に仮定してしまうところに誤りがある。この前提自体が間違っているわけであり，教師による教えは自立した学習者になるためにも絶対に必要だと私は考える。

教師による教えが必要である証拠は，歴史の中にも見出せる。私たちが自然に身に付けられる能力もいくつかはある。例えば，幼い子供は話し言葉に接するだけで，その言語を話せるようになり，人の話を理解できるようになる。このようにして，私たちは自分の母語を理解し，話せるようになるが，それは自然に起こる。しかしながら，子供たちに学んでほしい他の多くの重要なこと

は，自然に身に付くものではない。アルファベットや数の体系など，学校教育において必要不可欠な内容は，文明がもたらしてくれた非常に複雑で抽象的な発明である[36)]。こういうものは自然に身に付くなどということはあり得ないし，必然であるものはなく，幼い子供たちがこれらに触れたからといってその働きを自分の力だけで発見するなどという必然は存在しない。それゆえ，話したり聞き取る力は自然に身に付くものであったとしても，それとよく似ているように見える読むことと書くことは決して自然に身に付くものではないことを理解すべきである。子供たちは言語に接触すれば，その言語を話し，理解する力を身に付けるであろう。しかし，印刷された書き言葉に触れたからといって，読み書きの能力や，スペリングや句読法を正しく身に着けられるとは必ずしも言えない。これらの概念の習得には正式で明示的な指導が必要なのである。

　同じことは重要な科学の発見についても言える。多くの場合，最初は経験や体験から重要な科学の発見はなされたが，そうした発見ができる人々は並外れた洞察力を持った天才なのである。ニュートンはリンゴが地面にまっすぐ落ちるのを見て重力の法則を発見したかもしれないが，ニュートンの大発見以前でも，太古の昔からリンゴはまっすぐに地面に落ちていた。物体は液体に入れた時に押しのけられた液体の重さと等しい浮力を受けるということをアルキメデスが発見するよりずっと以前から，ギリシャ人たちは風呂で入浴していたのである。つまり，こうした発見がなされて初めて，私たちはその説明を受けることによって，法則性を理解し応用することができるのである。もし，それらが説明されず，自分たちで発見しなくてはならないとしたら，こうした理論を発見するのは無理であろうし，多少は理解できたとしても，それは極めて不完全なものであっただろう。同様の方法で何かを学んだ生徒がいたとしても，それは多くの時間を空費したきわめて非効率な方法と言うしかない。発見学習の信奉者であるジェローム・ブルーナー（Jerome Bruner）でさえ，この点を認めて，次のように言っている。

　　文化がどのように継承されていくかを考慮せずに教育を考えることはできない。人類が環境に適応する際に，文化が果たしてきた中心的な役割を考えた時，つまり，人類の進化の初期の段階において生態学における変化が果たしていた役割と同様の役割を文化が人類に対して果たしているとし

たら，生物学的には個々の生命体が自らの文化全体を再発見するということになるが，そのようなことはとうてい考えにくい。さらに，人類に特有の長期間にわたる生態系への依存性を考えた時，時間をかけてようやく収集された情報をもう一度手に入れるための最も効率の悪い方策——すなわち発見する能力——が人類に生得的に備わっているということはとうてい考えにくい[37]。

　実際に私たちは，Ofsted により推奨された授業の中に，この傾向を見出すことができる。自立した学びが実際に可能となる唯一の方法は，生徒がすでに知っている知識を使って作業することである。つまり，学校の制服や自分たちが住む地域に関する手紙を書くというような活動である。「長期間にわたって収集された情報を再入手する」ための方法としては，自立学習は非効率なのである。それゆえ，Ofsted が賞賛する授業の中には，古典文学や文法，科学，歴史，学校の外の地理に関しての事実を学ぶ授業が非常に少ないのである。生徒は自分たちに必要なことはすべて自力で学ぶことができるという主張は，文明における不自然な大発見——アルファベットとか，数の体系とか，自然界を支配する法則など——を使わずに生徒の必要とするすべての事柄を定義できるのであれば正しいといえよう。もっと平凡な前出の例を使えば，生徒だけで「健康と安全や道具の整備に気を付ける」ためのルールを学ぶことが難しいということである[38]。健康や安全に関するルールは，先人たちの試行錯誤によって，しばしば大惨事を経て確立されてきた。3年生の授業において，「ディスカッションがなされたから」と言って，子供たちが理解すべき健康と安全にかかわる重要なルールを作り出せるとするのはあまりに楽天的であり，また極めて危険なことでもある[39]。ニュートンが言ったように，私たちは巨人の肩に乗ることにより学ぶのである[40]。もし人類が試行錯誤を経ることで，危険で避けるべき行為が分かってきたのであれば，その学習を初学者だけのディスカッションに任せるよりは，教師に明確に言ってもらう方がより安全であり効率的である。何らかのフィールドワークや実験を行う際には，教師が子供たちに起こりうる危険を伝えたり，なぜそれらが危険なのかを説明し，そして子供たちがそれを理解したかどうかを確認するという方法の方が賢明であろうと思われる。しかしそうすると自立学習の要求には合わなくなってしまう。

　ここから見えてくることは，Ofsted は教師が生徒に事実を伝えることに単

に反対しているのではないということだ。Ofsted は教師が事実を説明することにすら反対しているのである。フレイレは，子供たちが理解していないような事実を教師が生徒に暗唱させていることを批判しているが，4×4 とはどういうことをさすのか，資本の重要性とは何かというようなことを，教師は生徒が覚えるのを手助けしながら説明すべきであるという結論は引いてはいない。代わりに，彼は暗記の必要性はないと言い切り，先生の説明も不要であると言い切っている。Ofsted も同じ結論に至っているが，フレイレが見たような悪い実例には出会っていない。暗記学習は頭を使わないという正当な批判から，教師が先導するすべての活動を完全否定するということは，不可解な過剰反応である。頭を使わない暗記学習への解決策は，教師の指導を少なくするということではなく，今までとは違うより良質の教師による指導である。

　もう一点言っておくべきことがある。自立した学習では教師の役割が小さく，時には存在しないような場合もある。もし本当に自立して学ぶことが可能であるなら，そもそもなぜ学校や教師が必要なのであろうか。自立学習を最も熱心に推進している人たちの多くが学校不要論を唱えているのは当然である。ルソーの助言は何世代にもわたる教師たちに影響を及ぼしてきたが，実際にルソーはホーム・スクーリングを提唱し，正式な学校教育の枠組みを否定している。このような学び方のもう 1 人の著名な提唱者はイバン・イリッチ（Ivan Ilich）である[41]。彼もまた，学校や教師という概念そのものに対して極めて批判的であった。

　イングランドの学校教育視察機関が，そのような反学校・反教師的態度を容認するというのは理解に苦しむことである。彼らが報告した外国語の授業例において，特にその傾向は顕著である。ほとんどの授業において，生徒たちは色々なことを知っていてそれを基に自発的な実践をする姿を賞賛されている。そこでの教授法については何ら述べられていないため，事実（知識）に関する指導を受けていないような印象を受ける。子供たちは「フランス語のスペリングを試し始める」ことで褒められる[42]。もし生徒が自然にフランス語のスペリングに慣れていくなどということが本当に起こるのなら，彼らになぜ学校や教師が必要なのであろうか。私が疑うのは，もし，子供たちのフランス語のスペリングの習得が，実は Ofsted の視察が来る前に行われた教師による指導や説明によるものであったなら，あたかも子供たちが自発的にフランス語を書けるようになったかのような描写は誤解を招くだけでなく，極めて危険なもので

ある。なぜなら，フランス語のスペリングを自然に身に付けることができない子供たちは落伍者であるというようなメッセージが含まれるからである。実は，責めを負うべきなのは教授法というより，教授法の不在である。

教師の指導が必要であることの2つ目の根拠は，理論的なものである。自然の法則を支える証拠は常に周辺環境の中にあったにも拘わらず，人類が自然の法則を発見するために非常に長い年月がかかったのには理由がある。指導が皆無あるいはほとんどない中で，新しい情報を学ぶのはたやすいことではない。それは，神話1で紹介したように作業記憶に限界があるからである。たくさんの新しい情報が提供される中でほとんど指導が与えられない場合，私たちが作業記憶を使って新しい情報からなんらかの意味を見出すのは難しい。新しい情報をどのように扱うか，それにどのような意味があるのかを探ることで手一杯になってしまうため，新たな情報を作業記憶に保持するのは難しいのである。

> 探求型の指導では，作業記憶の中に，問題に関わる情報を一時的に保持する課題空間を持つことが生徒に要求される。従って，すべての問題解決のための探求は作業記憶に大きな負担をかける。さらに，そうした作業記憶の負荷は長期記憶への知識の集積につながらない。なぜなら，作業記憶が問題解決法を導くために使われている間，学習自体には使われないからである[43]。

生徒たちに複雑な問題を出して，その答を自力で導かせようとするのは，彼らが事実を学ぶためにはよい方法とは言えない。

> 条件がきちんと制御された実験を見てみると，そのほとんどが，新たな情報を扱う時には学習者がすべきこととそのやり方を明確に示すべきであることを示している[44]。

探求型の指導は，生徒が問題解決における習熟度を上げるためにも良い方法とは言えない。

> 生徒が教室で純粋に発見的方法と最小限のフィードバックだけで科学を学ぶ時，彼らはしばしば何をやっているのかが分からなくなって苛立ったり

して，その混乱が誤解につながることもある[45]。

　生徒たちは自分の力で多くの情報から意味を見出そうとして，事実を長期記憶の中に取り込もうと努力することであろう。カーシュナー，スウェラー，クラーク（Kirschner, Sweller & Clark）が言うには，生徒たちは関連する既知の知識がないために，問題解決がなかなかできずに苦労する。この種の活動は知識があれば意味があるが，知識がないのであれば作業記憶が負荷で限界状態になり，生徒は混乱したりイライラしてしまう。そうなると，途中で投げ出してしまうことになるだろう。
　このような探求型のアプローチは，あるトピックに関して，生徒が広範な知識をすでに持っているのであれば適している。しかしながら，このような方法によって常に教えられてきたのであれば，生徒がそのトピックに関して広範な知識を持つようになるとは考えにくい。生徒たちは「卵が先か，鶏が先か」というシナリオに陥ってしまう。つまり，自立して学ぶには必要な背景知識がないし，背景知識を学びたくても，自立して学ぶことにすべての時間を費やすような状況では，知識を得ることもできない。最小限の指導と新情報を組み合わせても有効な学びはもたらされず，それどころか，それは混乱や，欲求不満や誤解につながってしまう。教育の最終目標が生徒が自立して学んでいくようにすることであったとしても，生徒たちに終始そうするように働きかけるのは，この目標を達成する有効な手法であるとは言えないのである。この問題に関しては，神話6において，高く評価されている最小限の指導のもとで行われるプロジェクト学習や活動を検討する際に，詳しく考察する。
　教師による指導の必要性を支持する3番目の根拠は経験に基づくものである。これまでに提示した歴史的，理論的根拠により，教師主導の指導法が最も有効な教授法の1つであることは経験的証拠によって十分裏付けられている。ジョン・ハティー（John Hattie）という研究者は『学習の見える化—達成に関する800のメタ分析の統合』（*Visible Learning: A Synthesis of 800 Meta-Analyses Relating to Achievement*）という本の中で，様々な教授法の成功度を評価している。副題が示すように，彼は何百もの異なる成果分析の結果を統合し，様々な教師に関する要因が教授法の成功に及ぼす影響を測定した。それによると，「直接的な教師の指導」は3番目に大きな要因であるということが分かった。それより影響力のあった1番目と2番目の要因は，まず「フィー

バック」であったが，それは教師の直接的指導と矛盾するものではなく，それどころかその一部でもある。2番目は「指導の質」であり，それも直接的な教師の指導と対立するものではない。ハティーは直接的な指導を次のように定義している。

　要するに，教師が学びの目標と成功の基準を決め，それらを分かりやすく生徒に提示し，モデリングによって例を示し，生徒の理解度のチェックや授業の終わりにそれまでの学習のまとめを語ることによって，生徒が理解しているかを評価する[46]。

明確な直接的指導法のプログラムは，アメリカの教育者シーグフリード・エンゲルマン（Siegfried Engelmann）により1960年代に開発された。それは信じがたいほどの成功を収めたのであるが，一方でデューイやフレイレが提唱した理論にあまりにも反していたので，大きな物議を醸したのであった。とりわけハティーは「直接的指導法の基礎原理は結果として最も成功を収めたプログラムの1つである」と述べてエンゲルマンのプログラムを支持したのであった[47]。興味深いことに，このことをこれから教師になる人たちに話すと，彼らはショックを受けたともハティーは言っている。

　毎年私は教師養成課程の学生の前で講義をするのだが，「構成主義が善であり，直接的指導法は悪である」というマントラを彼らがすでに刷り込まれていることに気づく。私がこのメタ分析の結果を示すと，彼らは驚き，それまで直接的指導法に反するように構築された一連の真実や教理を教えられてきたことに気づき，しばしば憤慨するのである[48]。

私も彼の研究論文を読んだ時，ハティーの生徒と似たような反応をした。どうしてこのようなことになったのだろうか。Ofstedは私に，話をもっと減らし，生徒たちを自立させるようにしなければならないと繰り返し指示してきた。しかし，この分野で最も尊敬されている研究者の1人が，高度に定型化された明示的な教師主導の教授法が，非常に成功していると言っているのである。Ofstedの科目別報告書で称賛されている授業の中には，直接的指導法を使った授業の分類に入るものは1つとしてない。批判されたもの，例えば表現

主義についての芸術の授業や練習を含む算数の授業において批判の対象となっているのは，直接的指導法であることが多いのである。

私自身，直接的指導法に基づいて英文法に関する一連の授業を計画し教えてみたところ，とてもうまくいったので大変驚いた。以前なら複雑で難しすぎると思った概念でも生徒たちは学ぶことができたのである。それだけでなく，生徒たちは授業そのものをもとても楽しんだようである。これまで使ってきた自立学習的アプローチと比べると，こちらの方がずっとうまくいった。生徒が自力で脚本を書いたり，あるいは学校の制服について校長に手紙を書くというような，Ofstedが推奨している授業に似たものを試してみたことがあった。それは，明晰でまとまりのある文章を書くことを教える授業であるが，生徒に実際にはどのように書くべきかを教えずに目的を遂げさせようとするものであった。そこで私が採った方法は，直接的指導法とドリルを用い，明晰でまとまりのある文章を書くために必要な知識を細分化し，教える順番を論理的に構成して，それら1つ1つを別々に教えていくというものであった。さらに授業後は何度も練習するように指示した。生徒が新しい知識を学ぶたびに，私は生徒にその知識を使う練習をさせ，そして新しい知識を前に習ったことと結びつけるように持っていった。この方法なら作業記憶が負荷で一杯にならず学習が有効であったからである。生徒は個々の知識を別個に学び，練習することができるのである。一方Ofstedから提供される英語の授業の模範例には，このような形で文法を教えているものは1つもない。ライティングに関する授業は，生徒に長い文章（extended writing）を書かせるため，文法をしっかり理解していなければならないのであるが，Ofstedの模範例は，文法理解については教えず，生徒はただ単に文章に接するだけで文法を学ぶであろうと期待されている。しかし，これまで見てきたように，それは全く現実的ではない。

直接的指導法に対して浴びせられる非難は，このやり方が退屈でやる気をそぐというものである。もちろん，担当する教師が授業をうまくできなかったらどのような方法であっても退屈であろう。しかし，ドリルのレベルを不可能なほどは難しくなく，また単純すぎるほど容易ではないところに設定できれば，扱いにくい問題を克服することで得られる満足感を生徒に体験させる良い機会となる。そういう授業が短時間で頻繁にできるような活動だけで構成されていれば，生徒は退屈しない。エンゲルマンの直接的指導法に関する大規模なアメリカの研究では，この方法で学んだ生徒はそうでない生徒よりより優秀な成績

をおさめただけでなく，自己肯定感などの情緒面でもより高い評価を得た[49]。直接的指導法は好結果を生み，生徒は成功を喜んだのである。

　私たちは，教師主導で事実を詰め込むような教え方でも，シェイクスピアの想像力は阻害されなかったことを知っている。次に，繰り返し行われた練習がウィンストン・チャーチル（Winston Churchill）にとっていかに役立ったかを見てみよう。イギリスの有名なパブリック・スクール出身者によくあることだが，チャーチルは実際はそれほど賢くはなかった。パブリック・スクールの他の生徒たちと比べても彼はそれほど優秀ではなかった。彼はハーロー校の能力別編成で1番下のクラスに入れられ，2回も留年しており，その間，ドリルをして過ごしていたようである。

　　１番下のクラスにあまりにも長い間いたので，自分より頭の良い人たちよりかなり有利な点があったと思う。優秀な彼らはラテン語，ギリシャ語や他の立派な科目を学んでいったが，私は主に英語を教えてもらった。我々はひどい劣等生だったので英語くらいしか学べないと見なされていたのだ。ソマーベル先生はとても愉快な人で，本当にお世話になったのだけれども，彼は最も低能な我々に最も軽視されていたこと，つまり英語で文章を書くことを教えてくれた。ソマーベル先生は他の誰もがやったことのない方法で教えてくれた。我々は英語の文法的分析を徹底的に学んだだけでなく，英語の文章の分析を繰り返し練習したのである。ソマーベル先生は独自の指導法を持っていた。彼はかなり長い文を取り上げ，それを黒，赤，青，そして緑のインクを使って構成要素に分解していった。主語，動詞，目的語，関係節，条件節，接続詞，分離節などだ。それぞれが特別な色で表記されカッコで囲まれていて，それはある種のドリルであった。我々はほとんど毎日そういう学びをした。私は2回も留年し他のどの生徒よりも長く第9学年[訳注1]にとどまっていたので，その練習を他の生徒の3倍はしたことになる。だから私の学びは完璧なものとなり，英語の普通の文の基本的な構造を骨の髄まで叩き込むことができたわけであり，それはすばらしいことであった[50]。

　これがドリル（練習の繰り返し）の恩恵なのだ。おかげで，劣等生であった少年は世界で最も優れた雄弁な政治家の1人になったのである。この授業方法

をOfstedが推奨するチャーチルのスピーチを扱った授業方法と比べてみよう。

　ある訪問で，Ofstedの査察官は説得力のあるスピーキングとライティングを練習しているいくつかの授業を見学した。上位2つのクラスでは，小グループごとに選挙用のビラが配られ，生徒たちはビラの中に使われているテクニック（技法）を探し指摘した。その後，それぞれのグループの中で，使われているテクニックの類似点と相違点について話し，それらの効果について評価をするためにグループが再編成された。最後に，授業の前半でウィンストン・チャーチルのスピーチについて討論した際に指摘された点を考慮しながら，選挙ビラの最初の部分をそれぞれ個人で分析し始めた[51]。

　私たちがどのように学ぶかということに関する現代の理解からすれば，チャーチルが学んだ方法の方がOfstedの勧めるやり方より効果があるということが分かる。

　神話1の終わりで，私は，理論家たちは事実学習に関して敵愾心を持っているのではなく，それを教える手法に関して反対している可能性もあると述べた。ここでは，彼らは事実学習そのものを好ましく思っていないので，それらを教える方法に関しても反対していると結論づけても良いと思われる。彼らがきちんと事実を学ぶことに反発するのは，事実は他の方法でもっとうまく教えられると考えているからではない。それは単に事実学習に対する彼らの敵愾心の一部の現れであり，認知における事実の役割を誤解しているとも言える。神話3と神話4においては，事実を教えないということに対する現代的弁明をさらに考察していくことにする。

注
1) Rousseau, J.-J. *Emile, or Education*. Translated by Barbara Foxley. London: Dent, 1921, 1911, p. 127.
2) 同上，p. 81.
3) Hickman, L.A. and Alexander, T.M. (eds). *The Essential Dewey. Volume 1, Pragmatism, Education, Democracy*. Bloomington: Indiana University Press, 1998, p. 232.
4) Freire, P. *Pedagogy of the Oppressed*. London: Penguin, 1996, p. 53.
5) 同上.
6) Archer, D. Philosopher's 'legacy of love'. *Times Educational Supplement* (1997), www.

tes.co.uk/article.aspx?storycode=67376（accessed 3 March 2013）.
7) Slater, J. Drill-and-kill spells death to lifelong learning. *Times Educational Supplement*（2005, www.tes.co.uk/article.aspx?storycode=2070945（accessed 3 March 2013）; Ward, H. Rote learning equals maths confusion. *Times Educational Supplement*（2012）, www.tes.co.uk/article.aspx?storycode=6263284（accessed 3 March 2013）.
8) Rousseau, J.J. *Emile, or Education*. Translated by Barbara Foxley. London: Dent, 1921, 1911, p. 77.
9) Freire, P. *Pedagogy of the Oppressed*. London: Penguin, 1996, p. 52.
10) King, A. Making a transition from 'sage on the stage' to 'guide on the side'. *College Teaching* 1993; 41: 30-35.
11) Cunnane, S. To spoon-feed is not to nurture. *Times Higher Education Supplement*（2011）, www.timeshighereducation.co.uk/news/to-spoon-feed-is-not-to-nurture/418Z17.article（accessed 3 March 2013）.
12) 同上..
13) 同上..
14) Frankel, H. Too tough at the top. *Times Educational Supplement*（2010）, www.tes.co.uk/article.aspx?storycode=6034506（accessed 3 March 2013）; Stewart, W. More from the Ofsted school of hard knocks. *Times Educational Supplement*（2012）, www.tes.co.uk/article.aspx?storycode=6294044（accessed 3 March 2013）; Britland, M. No notice Ofsted inspections? Bring 'em on! *Guardian*（2012）, www.guardian.co.uk/teacher-network/teacher-blog/2012/apr/07/ofsted-inspection-week（accessed 3 March 2013）.
15) 例えば，以下参照。*Times Educational Supplement*. Ebay: great for concert tickets … and Ofsted cheats（2009）, www.tes.co.uk/article.aspx?storycode=6029108（accessed 6 March 2013）; Times Educational Supplement Online Resources. Ofsted Guidance（2012）, www.tes.co.uk/TaxonomySearchResults.aspx?parametrics=52108,52170,52173&event=23&mode=browse（accessed 6 March 2013）; Beere, J. and Gilbert, I. *The Perfect Ofsted Lesson*. Bancyfelin: Crown House Publishing, 2010; Weatheroak Inspections. Helping you make the most of your Ofsted Inspections（2013）, www.weatheroakinspections.co.uk/consultancy.htm（accessed 6 March 2013）.
16) 本書の付録を参照。http://routledge.com/books/details/9780415746823.
17) これらの授業説明は以下の Ofsted の科目別報告書からとられたものである。Making a mark: art, craft and design education 2008-11, March 2012; Moving English forward: Action to raise standards in English, March 2012; Excellence in English: What we can learn from 12 outstanding schools, May 2011; Geography: Learning to make a world of difference, February 2011; History for all: History in English schools 2007/10, March 2011; Mathematics: Made to measure, May 2012; Modern languages: Achievement and challenge 2007-2010, January 2011; Transforming religious education: Religious education in schools 2006-2009, June 2010; Successful science: An evaluation of science education in England 2007-2010, January 2011.
18) Office for Standards in Education, Children's Services and Skills. Moving English forward: Action to raise standards in English（2012）, pp. 52-53, www.ofsted.gov.uk/resources/moving-english-forward（accessed 3 March 2013）.
19) 同上.

20) Office for Standards in Education, Children's Services and Skills. Transforming religious education: Religious education in schools 2006-09 (2010), p. 46, http://dera.ioe.ac.uk/110/1/Transforming%20religious%20education.pdf (accessed 3 March 2013).
21) Office for Standards in Education, Children's Services and Skills. Moving English forward: Action to raise standards in English (2012), p. 45, www.ofsted.gov.uk/resources/moving-english-forward (accessed 3 March 2013).
22) Office for Standards in Education, Children's Services and Skills. Geography: Learning to make a world of difference (2011), p. 43, www.ofsted.gov.uk/resources/geography-learning-make-world-of-difference (accessed 3 March 2013).
23) Office for Standards in Education, Children's Services and Skills. Successful science: An evaluation of science education in England 2007-2010 (2011), pp. 17-18, www.ofsted.gov.uk/resources/successful-science (accessed 3 March 2013).
24) Office for Standards in Education, Children's Services and Skills. Geography: Learning to make a world of difference (2011), p. 46, www.ofsted.gov.uk/resources/geography-learning-make-world-of-difference (accessed 3 March 2013).
25) Office for Standards in Education, Children's Services and Skills. Modern languages: Achievement and challenge 2007-2010 (2011), p. 11, www.ofsted.gov.uk/resources/modern-languages-achievement-and-challenge-2007-2010 (accessed 3 March 2013).
26) 同上.
27) Office for Standards in Education, Children's Services and Skills. Making a mark: art, craft and design education 2008-11 (2012), p. 21, www.ofsted.gov.uk/resources/making-mark-art-craft-and-design-education-2008-11 (accessed 3 March 2013).
28) 同上.
29) 同上., p. 8.
30) Office for Standards in Education, Children's Services and Skills. Transforming religious education: Religious education in schools 2006-09 (2010), p. 15, www.ofsted.gov.uk/resources/transforming-religious-education (accessed 6 March 2013).
31) Office for Standards in Education, Children's Services and Skills. Mathematics: Made to measure (2012), p. 26, www.ofsted.gov.uk/resources/mathematics-made-measure (accessed 3 March 2013).
32) Coughlan, S. Ofsted plans to scrap'satisfactory' label for schools. BBC News (2012), www.bbc.co.uk/news/education-16579244 (accessed 3 March 2013).
33) Office for Standards in Education, Children's Services and Skills. Mathematics: Made to measure (2012), p. 23, www.ofsted.gov.uk/resources/mathematics-made-measure (accessed 3 March 2013).
34) 同上, p. 24.
35) 同上, p. 33.
36) Hirsch, E.D. *The Knowledge Deficit: Closing the Shocking Education Gap for American Children.* Boston: Houghton Mifflin, 2006, pp. 7-8.
37) Bruner, J.S. Some elements of discovery. In: Shulman, L.S. and Keislar, E.R. (eds) *Learning by Discovery: A Critical Appraisal.* Chicago: Rand McNally, 1966, p. 101.
38) Office for Standards in Education, Children's Services and Skills. Geography: Learning to make a world of difference (2011), p. 43, www.ofsted.gov.uk/resources/geography-

learning-make-world-of-difference（accessed 3 March 2013）.
39) 同上.
40) Newton, I. *Oxford Dictionary of Quotations*. Oxford: Oxford University Press, 2009, p. 574.
41) Ilyich, I. *Deschooling Society*. London: Marion Boyars, 1971.
42) Office for Standards in Education, Children's Services and Skills. Modern languages: Achievement and challenge 2007-2010（2011）, p. 11, www.ofsted.gov.uk/resources/modern-languages-achievement-and-challenge-2007-2010（accessed 3 March 2013）.
43) Kirschner, P.A., Sweller, J. and Clark, R.E. Why minimal guidance during instruction does not work: An analysis of the failure of constructivist, discovery, problem-based, experiential, and inquiry-based teaching. *Educational Psychologist* 2006; 41: 75-86.
44) 同上.
45) 同上, p. 79.
46) Hattie, J. *Visible Learning: A Synthesis of Over 800 Meta-Analyses Relating to Achievement*. New York: Routledge, 2009, p. 206.
47) 同上, p. 205.
48) 同上, p. 204.
49) Adams, G. Project Follow Through: In-depth and beyond. *Effective School Practices* 1996; 15: 43-56.
50) Churchill, W. *A Roving Commission: My Early Life*. New York: C. Scribner's Sons, 1939, p. 16.
51) Office for Standards in Education, Children's Services and Skills. Excellence in English: What we can learn from 12 outstanding schools（2011）, pp. 15-16, www.education.gov.uk/publications/eOrderingDownload/100229.pdf（accessed 3 March 2013）.

訳注
1 原文では The Third Form となっている。"form" という表現は中等教育における学年を分ける古い言い方で1990年ごろまで使われていた。今でも，"sixth-form" という用語は，現在の第12～13学年次を表す言葉として使われている。"sixth-form" から義務教育ではなくなるので，それ以前の学年と区別するためにこの言葉が残っていると考えられる。ここで The Third Form というのは，中等教育における第3学年次，すなわち今の第9学年次（日本の中学2年生）のことを指す。

神話 3

21世紀はすべてを根本的に変えてしまう

人々がこれを信じ，それが教育政策と教室での実践に影響を与えたという証拠はどこにあるのか。

この神話を支えている理論

　これまでの2つの章では，影響力のある理論と実践方法が事実を教えることに対していかに否定的であったかを見てきた。この神話3と次の神話4では，経済的技術的変化の特質に関する誤った主張が，事実学習が無用であるという考えを支持するためにどのように利用されてきたかについて示したい。
　ここで扱う誤った思い込みとは，21世紀に生きる子供たちは前世紀とは全く異なる教育を受ける必要があるというものである。つまり，技術革新や経済上の変化ゆえに，私たちがこれまで使ってきた方法では今の子供たちを教えることはできないということである。神話2においては，事実を学ぶことが概念学習や真の理解の対極にあるように位置付けられてきたことを見た。同様に，この章では，21世紀の教育がしばしば19世紀の教育の対極にあるかのように議論されていることを示したい。1つの対立する概念がもう一方に利するように使われるということはよく起こる。つまり，ここでは21世紀型のスキルが一方に，19世紀型の知識がその対極に置かれているという図式である。確かに，「21世紀型スキル」という用語は，教育界内外の様々な人々や団体によって使われる人気のある教育用語になってきている。実は，これらのスキルがどのようなものであるかを定義付けしている権威ある機関は1つとして存在しない。本章の後半で，個々の団体の示す具体例をいくつか挙げてみるが，そこで

も，問題解決，クリティカル・シンキング，創造性，対人コミュニケーションなどのようなスキルは幾度となく取り上げられる。私が知る限りにおいて，21世紀型知識などというものは存在しない。何が21世紀型スキルかを選択し，これらが私たちの未来のために重要であるとする際の理論的根拠は2つ用意されている。

　第1に，現代的技術を使った実践では，おびただしい量の知識を覚えて暗記する必要がなくなったことが挙げられる。私たちは自分の脳の外に記憶の貯蔵庫を作り出した。まずは本の中に，そして今やインターネット上に知識を入れておくことで，例えば，世界の国々の首都のような知識は，役に立つというよりは古臭いとされるようになった。このように，世界の国々の首都や，人口，主な産物を覚えるというような19世紀型の教育実践は，そのような知識をインターネットが1秒で教えてくれる時代においては，無駄であるとされる。21世紀型技術革新によって，教育システムとしてこういう事実学習に焦点を置くことを止めて，その代わりに，スキルを中心に学ぶべきというわけである。この側面に関しては次章でより詳しく述べるつもりである。

　第2に，過去20〜30年の間に，経済や職場も大きな変革を経験したことが挙げられる。新しく強力な技術は産業全体を破壊したりあるいは衰退させる力を持っている。すべての産業と職業が急速に時代遅れになれば，伝統的な知識体系はもはや大した意味を持たない。あるシステムが，次の日にはより良い効率的なシステムに代わると知っていながら，古いシステムに関しての詳細な知識を持つことにはどんな意義があるというのだろうか。実際，極めて特殊で細かいスキルを身に着けること自体にどんな意味があるというのだろう。1970年代には，パソコンの普及により秘書の需要が急減してしまうことを知る由もなかったため，多くの学校は秘書養成科目を提供し続けていた。同じことはハイテク産業においても言えるのではないか。ポラロイド社は写真のネガを素早く現像することにかけては世界の先駆者であった。しかし，フィルム式カメラの需要が減った時，ポラロイド社はこの分野における専門的技術だけでは，倒産を避けることができなかった[1]。それゆえ，多くの現代的な教育のレトリックは，ビジネスコンサルタントのレトリックと酷似している。教育者がスキルに基づくカリキュラムを語るように，ビジネススクールはコア・コンピテンス（競合他社を凌駕するような核となる能力）を語るのである。ポラロイド社は自分たちの専門的技術が化学物質やネガに関する詳細で正確な知識にあるので

はなく，画像を素早く出力するという傑出した包括的技術にこそあることに気づくべきであった。そうすれば，目の前で起こった技術変革に不意を衝かれて倒産に到ることはなかったであろう。アカデミックな学習技術の専門家であるスティーブ・ウィーラー（Steve Wheeler）はこうした経済的問題を次のように明確化している。

　　結局，未来の仕事の世界において共通通貨となるのは，チームで仕事をし，急いで問題を解決し，創造的解決策を適用する能力である。クリティカルな（批判的な）思考ができることや職業上のネットワーク構築ができることが21世紀型知識労働者のコア・コンピテンスとなるであろう。要するに，仕事の世界は常に変化しており，その変化は加速している。
　　私の16歳の息子はゲームのデザイナーになるためのトレーニングを始めたところである。もし私が息子と同じくらいの歳に，キャリア教育担当の先生にゲームデザイナーになりたいと言ったら，先生はクリケット用のバットやサッカーボールを作りたいのかと尋ねたことであろう。1，2年前にはなかったような仕事が現れつつある一方で，生涯続けられると考えられていたような仕事は消えつつあるし，すでに消滅してしまったものもある。ガスマントルを取り付けたり，VHSの修理をしていた人に聞いてみるといい。錫鉱夫，点灯夫やタイプライター修理人なども同様である。ああ，申し訳ないけれども，もう尋ねることはできない。そういう人はもはや存在しないのであるから[2]。

2003年に，政府は実際に起こっている経済の変化と，それに伴う教育改革の必要性に関する白書を発表した。それは，教育技能省（現在の教育省），貿易産業省（現在のビジネス革新・技能省），大蔵省，および労働年金省の協力によって出版され，『21世紀型スキル：潜在能力の実現―個人，雇用主，国家』というタイトルが付けられた。そこでは，ただ単に教育の世界だけではなく，成功した国家や経済の中核としていかにスキルが重要かということが述べられている。その白書は，グローバル経済により「生涯にわたる仕事」という概念がほぼ消滅してしまったのではないかという議論を展開している。今必須なのは，生涯にわたって雇用されるための能力を持つことであり，それは私たちが自分のスキルの競争力をいかに高められるかにかかっている[3]。この変化

しつつある経済界への政府の対応が，国家としてのスキルの改善に資するために作られた多くの組織やプログラム，すなわち「学習技能評議会」，「国家的スキル獲得方策」，「生涯スキル」，「スキル同盟」であった。

同じころ，教育者たちもこの問題意識をさらに発展させようとしていた。1999年の報告書で，国家創造力文化教育諮問機関（National Advisory Committee on Creative and Cultural Education, NACCCE）は次のように発表した。

> 我々は急速に変化する世界に生きている。これからも雇用者が高い教育水準を要求することは変わらないが，彼らは今やそれ以上のものを要求している。雇用者は世の中の変化に適応し，物事の関連性を見い出し，革新を実行し，コミュニケーションをしながら，他人と一緒にうまく働く能力を持つ人材を求めている。多くの企業は，創造的能力を伸ばし，経済的成功を収めるために今や必須となったスキルやマナーを教える研修に授業料を払っている。しかし，我々の教育システムはそのような内容を推進するように構築されてはいない[4]。

その報告書は，私たちの今の教育システムが21世紀に適応していないことも明らかにしている。

> 現在の教育システムの基盤は19世紀末に作られたもので，産業革命を迎えた頃の世界のニーズに合うよう構築されたものであった。我々はこの報告書を新たな世紀の幕開けに際して発表している。今日我々が直面する課題は19世紀末のものと同じくらい重大であるが，異なる特色を持っている。今成し遂げなければならないことは，当時の課題をよりうまく実施するということではなく，新たな教育環境の中で，教育の目的，方法，そして規模を再考することなのである[5]。

この報告書によると，現代の経済動向や21世紀から学べることは，特定の内容を教える教育は，実社会では通用しない時代遅れの人間を生み出すということのようである。そうならないように，これからの教育はスキルの獲得，できることなら21世紀がもたらす避けがたい変化に個々人が素早く適応できる

ように転移可能なスキルを身に付けることに焦点を置くべきであるとしている。

　最も成功を収めた知的な思想というのは，数少ない知識人，あるいは熱心な政策通の間だけで通用するものでなく，ある種の一般的支持を獲得したものである。ここまでの章では，ディケンズの創造物であるトマス・グラッドグラインドが，一般的関心の高い教育と事実学習に関する議論の中でどのように扱われたかを見てきた。21世紀型スキルという考えは，より主流として人気を獲得しつつある。NACCCEの議長を務めたケン・ロビンソン卿（Sir Ken Robinson）は，21世紀型スキルに関する自身の意見をネット上の動画で主張し，非常に多くの視聴者を獲得した。王立技芸協会（RSA）の動画シリーズの1つ「変容する教育パラダイム」は900万人以上の人に視聴された[6]。そこでは次のような質問が呈示される。「来週末に経済がどうなっているか予想もできないような状況で，子供たちが21世紀の社会で自分の居場所を見つけだせるようになるために，私たちは一体どうやって彼らを教育したらよいのだろうか」。これに対する彼の答は，手短かに言うと，共働と創造性にもっと重きを置いたモデルへと教育システムをシフトさせる必要があるというものである。彼の『学校は創造性を殺すのか？』というタイトルのTED（Technology, Entertainment, Design）というプレゼンテーション番組での話は400万人以上に視聴された。そのプレゼンテーションは，今学校で学ぶ生徒たちが2065年には退職することを想起させるところから始まる[7]。5年後でさえ世界がどうなっているか分からない時代に，2065年に生徒たちが知っておくべきことなど，知りようもないということだ。

　こうした考えがどのようにして主流となったかを示すもう1つの好例が『変革が起こる』（*Shift Happens*）という動画である。この動画はアメリカの高校教師により作られ，YouTubeで500万回以上再生されている[8]。私も教師養成の授業に参加している時，300人ほどの受講者と共に講堂の大きなスクリーンでこれを見せられ，その後授業担当の教授がこの動画のほとんどの主張を肯定するコメントをした。この動画は人口変動と技術革新に関する驚くべき事実を強調するもので，加えて，それらを基にさらに驚くべき結論を導いている。その恐るべき主張の中には次のようなものがある。「私たちが今教えている生徒が社会に出た時には，未だ存在していないような仕事をすることになる。技術革新があまりにも急速に進むため，生徒が学位課程の最終学年に達するまで

には，1年次で学んだことがすでに時代遅れになってしまうであろう。」この主張の意味するところは明白であった。生徒の将来のキャリアにとって役に立たないような知識を教えるのに時間を使うのは無駄なことだと言うわけである。

　これらの考えは，明らかに現代の経済理論学者や経営コンサルタントたちから大きな影響を受けている。それゆえ，経済の現代的理論に概して懐疑的である英国の教職員組合が，それを取り入れるのに熱心であることは，おそらく驚くべきことなのであろう。しかし，彼らはこの考えに賛同したのである。全国学校校長会の事務局長であったラッセル・ホビー（Russell Hobby）はスキル重視のカリキュラムをまさにその言葉通りに支持している。彼はブログで「職場では，国王や女王の名前のリストのような容易に消化しやすい知識に基づいた「定型的認知スキル」への需要は，その種の課題の自動化が進みアウトソーシングもされるようになって減退する。未来は問題解決スキルと対人スキルにこそある」と論じている[9]。2006年に，教師・講師協会は『変革の下に』（*Subject to Change*）と題する意見表明書を刊行し，その中で，「情報過多の時代においては，どんな情報が必要とされるか選ぶこと自体が問題となるという単純明快な理由により，21世紀のカリキュラムは知識の転移を中心に据えるべきではない」[10]と述べている。その報告書は，様々なタイプの知識に言及しながら，次のような予想をした経済開発機構（OECD）の研究に基づいていた。

　　　情報へのアクセスがより簡単にかつ安価になることにより，どの情報を選び，それをいかに有効に使うかということに関連するスキルや能力がより重要になっている……。新しいスキルを学ぶことで古いスキルと置き換えていく能力と同時に，関連する情報を選び無関係な情報を無視する能力，情報のパターンを認識する能力，情報を解釈し解読する能力がますます要求されるようになる[11]。

　総じると，知識を身に付ける努力をせずに，スキル中心の教育を受けた同輩が，多額の報酬を得ながら問題を解決したり対人関係を築き，国中を飛び回る一方で，知識を教え込まれた生徒たちは，ますます収入が減り，需要も少ない肉体労働に就くような人生を運命づけられるということである。

教育現場における実践

　21世紀型スキルという考え方は，教室における多くの指導法に影響を与えてきた。おそらく最も重要な指導法は著名で由緒ある学際的な団体である王立技芸協会（Royal Society of Arts, RSA）が提示したものである。この団体は，21世紀型の挑戦に適合するように設計されたオープニング・マインズ（Opening Minds）と呼ばれる新しい中等教育のカリキュラムを作り上げた。その理論的根拠は次のようなものである。

　　　子供たちに何をどのように教えるべきかは，社会的・技術的な変化や発展とともに探求されなければならない。それを念頭に置いて，RSAでは若い人たちが21世紀の挑戦によりよく適合できるような教え方や学び方を探求し始めた[12]。

　RSAは21世紀に必須の5つのスキルがあると結論づけた。これらのスキルは，科目毎ではなく，オープニング・マインズというカリキュラムの総体を構成する原理であり，イングランドの中等学校のおよそ6%に当たる200校で使われている[13]。その5つのスキル，すなわち能力とは，市民性，学習，情報管理，対人関係，そして，状況管理である[14]。RSAのオープニング・マインズ・プログラムは，「子供たちが自分でやるべきことを計画し，自分の時間を管理し，そして自分自身の学び方を探索できる」[15]ように設計されている。このカリキュラムを旗印のように掲げて採用している学校では，カリキュラムのほとんどが「科目」ではなく，「プロジェクト」を中心に構成されている。例えば，ヒーナン・カトリック高校（Heenan Catholic High School）では，7年生の1週25時間ある授業のうちの19時間が，次のような6つの半期ごとのプロジェクトに使われている。それらは，「私は私」（I am What I am），「医者と行く時空旅行」（Time Travelling with the Doctor），「リバプールの家にて」（In My Liverpool Home），「強制徴兵隊」（Pressgang），「グローバルに生きる」（Going Global），「心を燃やす挑戦」（Flaming Challenge）と名付けられている[16]。ヒーナン高校はRSAの認定するオープニング・マインズ・カリキュラム研修校という地位を与えられた7つの学校のうちの1つである。これらの学校はOfstedから「優良」とか「秀逸」という評価を受け，さらに，厳しい

申請・審査過程を経て，オープニング・マインズ・カリキュラムを先導する実践校として指定された[17]）。

イングランドでは，少なくとも1つの新しいフリー・スクールがカリキュラムを編成する際に21世紀型スキルの考えを使っている。そのニューアムのフリー・スクールの校長であるピーター・ハイマン（Peter Hyman）は，自分の学校のカリキュラムが21世紀型スキルを中心に構成されているため，学校の名前を「School 21」にしてしまった。彼にとっての6つの重要な概念は，専門性，雄弁さ，闘志，才気，熟練（技能），専門的技術である[18]）。

2009年に刊行された英語科についてのOfstedの報告書では，21世紀の挑戦に即した授業法を採用するように各学校に奨励している。

> 教師は，21世紀には英語科目はどのようなものになるべきか，また，この科目で良い成績を上げられない生徒たちの意欲や成果を向上させるにはどうしたらよいかについて決定する必要がある。成績不振の生徒の授業への積極参加と成績向上のために，学校は変わりゆく社会の特質と生徒のリテラシーのニーズを反映した，よりダイナミックで生産的な英語科のカリキュラムを提供する必要がある[19]）。

これが実際に意味するところは，「生徒のやる気を引き出し，スキルを磨く手助けをし，生徒の学習に対する明確な理由と目的を想定し，学習を意味のあるものにする」[20]）ような方法を採ることである。そのような方法として，小学校の授業例が挙げられている。

> 教師は，児童たちが導き出した考えを文章にまとめるにあたって，背景と内容がよく理解できるような経験をさせることにした。例えば，3,4年生は，農場労働者として働くビクトリア朝時代の子供の生活を説明するために，まず校庭に行って，1時間かけて実際にクワで土地を耕したり，穴を掘ったり，鳥を追い払ったりする。担当教師はそのような活動は子供たちが文章を書く上で，感情移入したり，緻密な表現をするのに役立つと言っていた[21]）。

21世紀型スキルが現実の学校でどのように機能するかについての最後の例

として，教師・講師協会（ATL）のカリキュラムに関する報告書の著者であるマーティン・ジョンソン（Martin Johnson）の勧告を考察してみよう。彼は，学校のカリキュラムは「全体主義的」な知識ではなくて，人が歩くことのような生きるためのスキルを優先すべきだと主張している。

　　歩けるようになるためには多くのことを学ぶ必要がある。あなたは日曜日の午後に散歩に出かける時は普通の歩き方をするであろう。また，電車に急いで乗ろうとする時はそれとは別の歩き方をするであろう。そして，断崖絶壁を歩く時は，また別のやり方で歩くであろう。袋を運ぶのであれば，そのための技術も必要である。我々は自分の体を理解し，そしてそれを効率よく使える人々からなる国を作る必要があるのだ[22]。

なぜこの神話が誤りなのか

　21世紀型としばしば定義されるスキルが大変重要なものであることは言うまでもない。問題解決，創造的思考，クリティカル・シンキング，そして対人能力はすべて非常に重要なスキルである。これらのスキルのどれにも私はケチをつけるつもりはない。しかし，これらの中で21世紀に特有なものは1つもない。古代ギリシャのミケーネの職人も，他の人と一緒に仕事し，適応や革新をしていかねばならなかったであろう。2000年前の人がクリティカルに考えることや，問題解決，コミュニケーションや共同作業，創造や改革をしたり本を読んだりする必要がなかったと示唆するような言及は，まったく彼らを見下している。人類はこれらのほとんどのことを長い間やってきたのである。長い文明の中で比較的最近生みだされたアルファベットは，紀元前21世紀の産物である[23]。将来的にはより多くの人にこれらのスキルが必要になり，それを持っていない人は経済的な機会が少なくなるというのはおそらく真実であろう。しかし，私にはこの議論は，昔はエリートにだけ準備されていた教育を誰もが受けられるようにする必要性を提唱しているだけのように思える。それは，21世紀のために教育を再定義することではなく，伝統的な教育を受ける機会をすべての人に与えることである。

　そして，そこにこそ，21世紀型教育の概念に関する真の問題がある。創造性や問題解決力が重要であると言うだけならば，大した問題ではない。こうし

たスキルが21世紀特有であると言っても，それは間違ってはいるが害になることはない。しかし，これらの目的を達成するために特定の方法を提唱するところまで行くと，それは現実問題として有害である。なぜなら，21世紀型スキルを唱える運動は，カリキュラムから知識の部分を排除するための合い言葉となっていることが多く，カリキュラムから知識を取り去ってしまうと，逆に子供たちは21世紀型スキルを身に付けられなくなってしまうからなのである。

　もちろん，21世紀が他の時代と異なる点の1つは，技術が信じられないほど大きな力を持つようになったことである。しかし，この違いは，真実ではあるが，更なる2つの教育上の誤謬につながりかねない。第1に，技術の進歩により生徒が何かを暗記する必要がなくなったと思わせてしまうことである。つまり，何でもグーグルで検索すれば済むという考え方である。これがなぜ誤っているのかについては神話4で示す。第2に，伝統的な知識体系が，もはや時代遅れのものであるという立場を支持するために使われるからである。今日では非常に多くの知識が存在し，それが常に変化するため，そもそも知識を学ぶことに意味がないというわけである。私たちは例えば，ATLが「情報過多の時代においては必要な知識を選ぶのは難しいという単純な理由から，21世紀型のカリキュラムの核心に知識の転移を入れてはならない」[24]と主張するのを見てきた。『変革が起こる』（*Shift Happens*）という動画は，1.5エクサバイトものまったく新たな情報が1年間で生み出され，新たな技術に関する情報量は毎年倍増していると伝えている。そして，このような新たな情報の流入により，4年制の大学や技術学校の学位取得を始めたばかりの学生が1年次に学んだことの半分は3年次になる頃には時代遅れになっていると結論付けている[25]。しかし，こんなことは全く真実ではない。もちろん，人々は常に新しい発見をするけれども，こうした発見の多くは以前のものを否定したり，それに取って代わるわけではない。それどころか，多くの場合，新たな発見はそれ以前の発見の上に積み重ねられるものであり，元々あった発見についてのより詳細な知識がないと理解できないのである。多くの分野において根本原理というものは，めったに全否定されることはない。科学革命が実際に根本原理を覆す度合いは誇張され過ぎていることが多い。ベン・ゴールドエーカー（Ben Goldacre）は次のように言っている。

　　　人文系学部卒業生の科学風刺の代表的なものに，科学とは一時的な存在

であり，変化しやすく，常に修正を繰り返している一過性の熱狂のようなものだという比喩がある。科学の発見とは，束の間の移ろいやすいものであり，いつか捨て去られるというわけである。

これは様々な研究分野の最先端においては当てはまるとしても，なぜ物が浮くのかという原理に関してアルキメデスは数千年にわたって正しいままであるということは心にとめておく価値がある。彼はまた，てこの働きも理解しており，同様にニュートン物理学はこれからもスヌーカーボール[訳注1]の動きを正しく導き出すことであろう[26]。

数学に目を向けると，以前の発見に対する修正の機会はもっと少なくなる。カール・ボイヤー（Carl Boyer）の『数学の歴史』の前書きで，アイザック・アシモフ（Isaac Asimov）は次のように主張している。

> 数学においてのみ，重大な修正というものはなく，ただ，拡大があるだけである。ギリシャ人たちが演繹法を発見して以来，彼らが成し遂げたことはその時に正しいだけでなく，常に正しいものとなった。ユークリッドの定理は未完成ではあったが，彼の死後に著しい発展を見せ，修正すべき誤りはなかった。そして彼の定理は，そのどれもが，今日にいたるまで正しいのである[27]。

大学はいくらでも多くの情報を発信することはできるであろうが，ピタゴラスの定理が間違っているということを証明したり，エウリピデスの悲劇をさらに改良するというようなことはできないであろう。そのような時の試練に耐えた古代からずっと通用してきた根本原理や発明は非常に多く存在し，おそらく，その数は私たちが認めたくないほどあるであろう。例えば，アルファベットと数の体系は私たちが発明してきたものの中で最も重要なもののうちの2つである。前者は紀元前約2000年，後者は紀元前約3000年に起源がある[28]。これらは，その後時代とともに洗練されたり強化されたりはしたが，その基本原理の意味が減じたり，別のものに取って代わられたりするような兆候は見えない。最も現代的で最先端の技術が生み出した道具はこれらの原理に何かしら基づいている。実際，知識の真の拡散とはむしろ，小麦を大量のもみ殻から分別する仕組みのように，厳選された知識の体系がより重要性を増すことを意味

するはずである。

　メディアのヘッドラインを飾るような技術革新を生み出すような人はかなり若いことが多いが，実は，最初に科学的発見をした人達の平均年齢はここ何十年にもわたって徐々に高くなってきている（Jones, B. F. & National Bureau of Economic Research, 2010)[29]。なぜかというと，科学的新発見をするためにはまず，当該分野における知識の最前線に到達しなければならないからである。科学的知識はここ何十年にもわたって発達し続けてきているので，その最前線はどんどん遠のいてしまっていて，そこに研究者が追いつくまでに以前よりずっと時間がかかるのである。このことが示しているのは，新しい科学的発見をするには，それまでに積み上げられた知見を深く理解する必要があるということである。ニュートンの有名な言葉に，科学の巨人は他の巨人たちの肩の上に立っている，というものがある。実際，私たちは皆過去何世代にもわたって人々が苦労して集積した知識から恩恵を受けているのである。今日を生きる私たちの驚きの1つは，平均的な知能を持った人が，何百年も前の賢人たちが知らなかったことを知ることができるということである。おそらく，古代の歴史を学ぶ時に最も刺激的なことは，私たちと比べて生まれつきの頭の良さは同じくらいであっても，私たちのように何千年にもわたる知識の蓄積の恩恵を受けることができなかった人々の苦闘を知ることである。歴史家のジョン・ロバーツ（John Roberts）はそれについて次のように語っている。

　　先史時代以来人類が多くの達成をこれほど急速に成しえてきたことは簡単に説明できる。人類のために役立つ才能を持った人々が多数いたということより，もっと重要なのは人類の業績が本質的に累積的であるということである。人類の業績は，いわば，複利計算で蓄積された遺産に基づいている。過去の未開の人々には，そもそも知識の銀行の中に受け継いだ資産がほとんどなかったのである。そう考えると，人類のその後の発展の大きさにますます驚きを感じるわけである[30]。

　ジョン・ロバーツはさらに，文明とは「経験と知識という資本の集積」がもたらす結果であるとまで言っている[31]。
　もちろん，21世紀において，私たち教師が生徒に知識を教えることに懐疑的であるべきとする考え方が妥当なものであれば，ある考えが最新であればあ

るほど，それは時代遅れになりやすいわけであるから皮肉なことである。5000年以上にわたって価値があると証明されたものが，今後100年は有益であり続けるのはかなり確実である。しかし，ここ50年とか20年だけ価値があったものが，今後どうなるかは保証の限りでない。マイクロフィルムの読み取り器やMDプレーヤーの方がアルファベットや数の体系より早く時代遅れになる可能性が高いのである。ある特定の産業や職業に関連する知識やスキルは変化にさらされ，短い期間で時代遅れになるが，それらを支える基本的な知識やスキルは時代遅れにはならない。よって，そういうことこそ，私たちが学校で教えるべきなのである。ウィキペディアの創始者の1人であるラリー・サンガー（Larry Sanger）は，技術に関しては，明らかになんの不足もないくらい十分に理解しているはずであるが，この点について見事な指摘を行っている。

> 仕事の世界における特定のスキルは，これまでもそして今でも多くの場合，仕事をしながら学ぶことができる。だから，自分が17歳であった1985年に戻れたとしたら，その時学んだ方が良かったのは，WordPerfectやBASICの使い方の詳細であったであろうか，それともアメリカ史であったのか。この答には疑問を挟む余地はない。歴史について得た知識は，いくらか訂正があったとしても，これからもほとんど変わることはないであろう。それにひきかえ，WordPerfectやBASICに関する知識はもはや必要とされていない[32]。

つまり，新しい考えであればあるほど，私たちはそれを学校で教えるべきかについてもっと懐疑的にならなければならない。そして，古い考えであればあるほど，それは時の試練を経て生き残る可能性が高い。しかし，言うまでもないが，21世紀型スキル運動はこれとはまったく逆の結論を導いている。その運動が目指しているのは，常に新しく，常に最新で，そしていつも最先端であることなのだが，実は最先端なものほど速く時代遅れになるものはないのである。

21世紀型スキル提唱者の罪深い秘密は，古臭くて時代遅れなのはかれらの考え方自体であるということである。ダイアン・ラビッチ（Diane Ravitch）は，20世紀初頭に多くの教育者が，いかに伝統的知識を捨て去り，20世紀型スキルを取り入れたいと望んだかということに言及している[33]。マーティン・

ジョンソンが教育に対する 21 世紀型アプローチと呼ぶものと，20 世紀の初めにジョン・デューイが提唱していたこととの間には，ほとんど違いがないのである。RSA が提唱しているようなタイプのプロジェクトと 19 世紀末期以降何度かアメリカや英国で普及したタイプのプロジェクトにも，ほとんど違いがない[34]。そのような過去のプロジェクトは様々な状況で常に失敗を重ねてきた（この理由は神話 6 でより詳しく検証する）。世界中で成功している教育システムは，カリキュラムの編成に当たって，抽象的なスキルではなく教科ごとの訓練を中心に展開するものなのである[35]。

　それゆえ，このような潮流に関する最も憂鬱な点は，まったく信用を失った古い考えが蒸し返され，あたかも最先端のものであるかのように提示されていることである。そして，神話 4 で明らかにするが，真の最先端の科学は，21 世紀型スキルの提唱者の多くが望むこととまさに正反対のことをすべきだとしており，それは誠にもって皮肉なことである。

注
1) Christensen, C.M., Horn, M.B. and Johnson, C.W. *Disrupting Class: How Disruptive Innovation Will Change the Way the World Learns*. New York: McGraw-Hill, 2008, p. 97.
2) Wheeler, S. Content as curriculum? (2011), http://steve-wheeler.blogspot.co.uk/2011/12/content-as-curriculum.html (accessed 3 March 2013). ここで関連して付記しておきたいのは，錫鉱夫は今でも存在はする。錫鉱業は中国やインドネシアで何千という人々を雇用している。錫なしに近代技術の多くは存立し得ない。アップル社から今年公表されたデータによると，錫はアップル社の製品に使われている最も一般的な金属であり，「電子機器にとって錫はなくてはならないものである」ということである。From Simpson, C. The deadly tin inside your smartphone (2012), www.businessweek.com/articles/2012-08-23/the-deadly-tin-inside-your-ipad#pl (accessed 6 March 2013).
3) Department for Education and Skills. *21st Century Skills: Realising Our Potential: Individuals, Employers, Nation*. Norwich: HMSO, 2003, p. 11.
4) National Advisory Committee on Creative and Cultural Education. All our futures: Creativity, culture and education (1999), p. 14, http://sirkenrobinson.com/skr/pdf/allourfutures.pdf (accessed 4 March 2013).
5) 同上，p. 16.
6) Robinson, K. Changing education paradigms (2012), www.youtube.com/watch?v=zDZFcDGpL4U (accessed 4 March 2013).
7) TED. Ken Robinson says schools kill creativity (2006), www.ted.com/talks/ken_robinson_says_schools_kill_creativity.html (accessed 4 March 2013).
8) Fisch, K. and McLeod, S. Shift happens (2007). www.youtube.com/watch?v=ljbI-363A2Q (accessed 3 March 2013).
9) Hobby, R. Russell Hobby stops biting his tongue with the CBI (2010), www.naht.org.

uk/welcome/news-and-media/blogs/russell-hobby-general-secretary/? blospost=362 (accessed 3 March 2013).
10) Association of Teachers and Lecturers. Subject to change: New thinking on the curriculum (2007), wwvv.alt.org.uk/Images/Subject%20to%20change.pdf (accessed 4 March 2013).
11) Organisation for Economic Co-operation and Development. The knowledge-based economy (1996), p. 13, www.cercetareservicii.ase.ro/resurse/Documente/THE%20KNOWLEDGE-BASED%20ECONOMY.pdf (accessed 4 March 2013).
12) Royal Society of Arts Opening Minds. Why was RSA Opening Minds developed? (2013), www.rsaopeningminds.org.uk/about-rsa-openingrninds/why-was-opening-minds-developed/ (accessed 4 March 2013).
13) Royal Society of Arts Opening Minds. What is RSA Opening Minds? (2013), www.rsaopeningminds.org.uk/about-rsa-openingminds/ (accessed 4 March 2013); in 2010, there were 3,332 maintained secondary schools, city technology colleges and academies in England. Department for Education. Statistical first release: Schools, pupils, and their characteristics, January 2010 (provisional), Table 2a (2010), www.education.gov.uk/rsgateway/DB/SFR/s000925/sfr09-2010.pdf (accessed 6 March 2013).
14) Royal Society of Arts Opening Minds. What is RSA Opening Minds? (2013), www.rsa openingminds.org.uk/about-rsa-openingminds/ (accessed 4 March 2013).
15) Royal Society of Arts Opening Minds. RSA Opening Minds competence framework (2013), www.rsaopeningrninds.org.uk/about-rsa-openingminds/competences/ (accessed 4 March 2013).
16) Cardinal Heenan Catholic High School. The curriculum: Key Stage 3 (2012), www.cardinal-heenan.org.uk/index.php?option=corn_content&view=article&id=77&Itemid=87Mang=en (accessed 4 March 2013).
17) Royal Society of Arts Opening Minds. RSA Opening Minds Training School network (2013), www.rsaopeningminds.org.uk/accreditation-of-opening-minds/training-school-network/ (accessed 4 March 2013).
18) New Statesman. What we should teach children (2012), www.newstatesman.com/politics/politics/2012/07/what-we-should-teach-children (accessed 4 March 2013).
19) Office for Standards in Education, Children's Services and Skills. English at the crossroads: an evaluation of English in primary and secondary schools 2005/08 (2009), p. 54, www.ofsted.gov.uk/resources/english-crossroads-evaluation-of-english-primary-and-secondary-schools-200508 (accessed 4 March 2013).
20) 同上, p. 22.
21) 同上, p. 26.
22) *Guardian*. Teachers' union calls for lessons in walking (2007), www.guardian.co.uk/education/2007/mar/30/schools.uk (accessed 4 March 2013).
23) Sacks, D. *Language Visible: Unravelling the Mystery of the Alphabet From A-Z*. Toronto: Alfred A Knopf, 2003, pp. xiv, 37.
24) Association of Teachers and Lecturers. *Subject to change: New thinking on the curriculum* (2006), www.atl.org.uk/Images/Subject%20to%20change%20-%20curriculum%20PS%202006.pdf (accessed 6 March 2013).

25) Fisch, K. and McLeod, S. Shift happens (2007), www.youtube.com/watch?v=ljbI-363A2Q (accessed 3 March 2013).
26) Goldacre, B. *Bad Science*. London: Harper Perennial, 2009, p. 237.
27) Asimov, I. Foreword to the second edition. In: Merzbach, U.C. and Boyer, C. *A History of Mathematics*. 3rd edn. Hoboken: John Wiley & Sons, 2011, p. xi.
28) Sacks, D. *Language Visible: Unravelling the Mystery of the Alphabet From A-Z*. Toronto: Alfred A Knopf, 2003, pp. xiv, 37; Merzbach, U. C. and Boyer, C. *A History of Mathematics*. 3rd edn. Hoboken: John Wiley & Sons, 2011, p. 10.
29) Jones, B. F. and National Bureau of Economic Research. Age and great invention. *Review of Economics and Statistics* 2010; 92: 1-14; Jones, B.F. The burden of knowledge and the death of the Renaissance man: Is innovation getting harder? *Review of Economic Studies* 2009, 76: 283-317.
30) Roberts, J.M. *Ancient History: From the First Civilisations to the Renaissance*. London: Duncan Baird, 2004, p. 64.
31) 同上, p. 11.
32) Sanger, L. An example of educational anti-intellectualism (2011), http://larrysanger.org/2011/12/an-example-of-educational-anti-intellectualism/ (accessed 4 March 2013).
33) Ravitch, D. 21st century skills: An old familiar song (2013), http://commoncore.org/_docs/diane.pdf (accessed 4 March 2013).
34) Ravitch, D. *Left Back: A Century of Battles over School Reform*. New York: Touchstone, 2000.
35) Common Core Foundation. Why we're behind: What top nations teach their students but we don't (2009), www. commoncore. orgi_docs/CCreport_whybehind. pdf (accessed 4 March 2013); Ruddock, G. and Sainsbury, M. Comparison of the core primary curriculum in England to those of other high performing countries (2008), www. education.gov.uk/publications/eOrderingDownload/DCSF-RW048v2.pdf (accessed 6 March 2013).

訳注
1 スヌーカー (snooker) とは，ビリヤードの1つの形態。一般的なビリヤードよりテーブルが大きくて玉が小さく，ルールも異なる。主にイギリスおよび英連邦諸国において人気が高い。スヌーカー・ボールとはこの競技で使われる玉のこと。

神話 4
調べようと思えばいつでも調べられる

人々がこれを信じ，それが教育政策と教室での実践に影響を与えたという証拠はどこにあるのか。

この神話を支えている理論

　神話3では21世紀の経済と技術の変化が，教育において21世紀型スキルを教えることを正当化していることを見てきた。この主張の根幹には，新しい情報技術環境においては，事実を教えることにそれほど配慮しなくてもよいという考えがある。この主張は，何もグーグルの普及とともに始まったわけではなく，アルバート・アインシュタイン（Albert Einstein）が言ったとされている「すべてのことを知っている必要はない，どこで見つけられるか知っていればいいのだ」という有名な言葉がこの理論をよく表している。実は，Quote Investigator（http://quoteinvestigator.com/）というウェブサイトによれば，これはアインシュタインの言葉ではないという。しかし，20世紀の初めには多くの人々が確かに同じような感覚を表現していた。以下の言葉は，それぞれ1914年と1917年にアメリカの雑誌に掲載されたものである。

　　教育のある人というのは，何でも知っている人ではなく，欲しい情報を即座に見つけられるのはどこかを知っている人のことである。

　　最も有能な人とは，何でも知っている人ではなく，その時求められているいかなる情報についても，どこを探せば見つかるか知っている人である

と言われている[1]。

　その当時は，図書館，文書ファイル，切り貼り帳などで情報を探さなければならなかったのだが，インターネットと検索エンジンの発明によって，情報の入手は驚くほど簡単になり，実際に何を知っているということは重要でないとする主張がどんどん強くなっていった。例えば，プリマス大学（Plymouth University）の教育学教授スティーブ・ウィーラー（Steve Wheeler）は，このように言っている。

　　時々「学校でラテン語を取ってよかったよ」と言う人がいて，休日に釣った魚の名前を見つけるのに役立ったと主張していたりする。まあ，*thalassoma bifasciatum* が青い頭のベラであると知るのは自尊心のためには素晴らしいかもしれない。それはパブでのクイズ合戦で，友達をうならせるかもしれないが，仕事を得ることにはつながらないだろう……。それに，デジタル携帯電話の時代においては，グーグルで調べれば分かるのに，ある日遭遇した奇妙な魚の名前を当てるだけのために，amo, amas, amat などという動詞活用を長時間かけて学ぶとしたら，ラテン語学習に本当に価値があったといえるのだろうか。
　　問題は，今子供たちが学校で，どれだけ知識中心の内容を学ぶ必要があるのかということだ。子供たちが学ばなければならないのは，求職の際，まとまった説得力ある応募書類や適切な履歴書を書くことなのに，句動詞の定義や，ウィリアム・シェイクスピアが1616年に死んだという事実を知っている必要はどこにあるのだろうか。このようなタイプの事実は「宣言的知識（declarative knowledge）」と呼ばれる。なぜならそれは「であることを知っている」こと，言い換えれば，事実学習の対照となるからだ……。どのようにするかを知る，つまり「手続的知識（procedual knowledge）」は多くの若い人たちにとって，より大きな財産になるだろう[2]。

　これらすべての主張においては，手続的知識（どのようにするかを知ること）は，宣言的知識（何であるかを知ること）から分離され，宣言的知識より上位にあるとされる。これは，これまでの章で考察してきた知識とスキルの二分法の言い換えであり，また一般に受け入れられている考え方でもある。カナ

ダ人の影響力あるビジネスマン兼作家のドン・タプスコット（Don Tapscott）は2008年に以下のように持論を展開した。

> 教師たちはもはや知識の泉ではなく，インターネットこそがそうなのだ。子供たちは世界と，どうして物事がそうなっているのかを理解するために歴史を学ぶべきだが，年号をすべて覚える必要はない。ヘイスティングズの戦い（Battle of Hastings）については，それが1066年に起きたということを記憶しなくても，そのこと自体を知っていれば十分である。それが歴史のどこに位置するかはグーグルをクリックして調べればいいのだ[3]。

イングランドの教師の中にもこの考えの支持者がいる。2012年に，教師・講師協会（ATL）が年次大会でカリキュラムについて議論した際に，講演者の1人，ジョン・オバートン（Jon Overton）が出席者たちに簡単な課題を課した。

> （オバートンは）出席者たちにモーツァルトの誕生日をスマートフォンで調べるよう呼びかけた。即座にフロアから1756年1月27日という叫び声が上がった。
>
> われわれはもはや，頭の中に「事実の銀行」を持つよう要求される時代には生きていない。これからの若い人たちには対人スキル，探究スキル，革新能力のようなスキルを身につけさせなくてはならないと彼は述べた[4]。

2011年には，スタフォード（Stafford）の小学校校長であるポール・フィッシャー（Paul Fisher）が次のようにコメントした。「グーグルがあるのに，なぜヘイスティングズの戦いについて教えなければならないのか。我々は，子供たちに学び方を教えるべきではないのか」[5]。

技術のおかげで，物事を知らなければはならないという重荷から解放された，というのが21世紀型教育を支える理論なのである。

教育現場における実践

　授業の教え方に関しては，この神話に基づいた２つの主張がなされる。１つは，生徒は必要な知識は全部調べられるのであるから，知識をたくさん教えたり，事実を覚えさせる心配はしなくてよいということ。２つ目は，リサーチすることで生徒は知識のデータベースに広くアクセスできるようになるから，リサーチ・スキルを教え，情報をリサーチする練習をすべきであるということである。

　実践上は，事実を教える代わりに，リサーチや調査をするための汎用スキルの指導に時間を使うことになる。よって，RSA オープニング・マインズ・カリキュラム（王立技芸協会によって開発された能力ベースのカリキュラム）では，情報管理がコア・コンピテンス（core competence，中核能力）の１つとなっているのだ。情報管理能力はさらに以下の２つの領域に下位区分される。

> リサーチ：生徒は，情報にアクセスし，それを評価し，識別するための広範な技能を発達させ，それによって情報を分析，統合し，応用する。
> 考察：生徒は考察と批判的判断を下すことの重要性を理解し，どのようにそれを行うかを学ぶ[6]。

　このように，教師が情報を伝達する代わりに，生徒が「情報にアクセスし，それを評価し，識別する技能」[7]を発達させることになる。Futurelab というイギリスの教育慈善団体のカリキュラムも似たようなアプローチをしている。

> インターネットが支配的なリサーチ・ツールである世界では，情報源を解釈したり疑ったりすることの重要性が増してきていることは，おそらく間違いない。問題は，デジタル・メディアが公私を問わず生活の多くの分野に浸透し拡張してきたため，メディアによって伝達された内容，目的，起こりうる結果を解読することが，難しくなっているところにある。そこでは判読力が試されているのだ。人々には，権威や信頼性が明らかでない様々な新しいメディアによって伝えられる情報を読み解く能力があるだろうか[8]。

Futurelab が挑戦しているのは，学校が「情報源や多様な意見をクラスで議論することにより，質問スキルの発達と共に」生徒のクリティカル・シンキング（批判的思考）を育成することである[9]。

　神話 2 では，教師が情報を口頭で伝授するような授業を Ofsted はあまり歓迎していないことを説明した。しかし，彼らは生徒がインターネットやその他の方法で情報を得る授業に対しては問題を感じていない。以下に紹介するのは，「最も効果的な教科教授法」として称賛されている歴史の授業である。

　　9 年生の生徒は，爆撃戦略の変遷について調査するという課題を与えられ，第一次と第二次世界大戦を比べることになった。彼らは調査項目を挙げ，教師の指導に従ってそれを整理した。生徒はそれぞれノートパソコンで学術サイトや一般のウェブサイトからデータを収集し，様々な解釈を試みた。この貴重な実習により，意味のある自立学習ができた。生徒は調査の大枠と，ポイントとなる質問を与えられてはいたが，どのように調査を進めるかは決められておらず，従って自分のスタイルと調査方法を開発することができたため，自立学習の効果はさらに強められた[10]。

次の地理の授業では，7 歳の生徒がインターネットを利用してリサーチをしている。

　　2 年生の生徒は，Fizzbook（ノートパソコン）を使って，トクアロというメキシコにある村についてインターネット上の情報から分かることを調べていた。彼らは前の日に初めて Fizzbook の使い方を学んだのだが，すでに楽々と操作できるようになっており，その名称や，使い方を説明することもできた。彼らはスタイラス（タッチパネル用のペン）を上手に使い画像を拡大することもでき，ペアになって発見したことをノートに記録していた[11]。

同様に以下の美術の授業でも，全く新しいトピックについて，教師からは最小限の知識伝達しかなされていない。

　　9 年生の生徒は 4 人ずつのクループに分かれ，それぞれのグループに現

代の芸術家，工芸作家，デザイナーなどの名前が与えられた。課題はその人物がどのような仕事をし，何がその人の仕事に影響を与えたかを調べるというものであった。教師の作ったグループは，興味や能力の異なる生徒から成り立っていたため，これがよい結果につながった。例えば，あるグループでは，デジタル・メディアを使うのが得意な生徒が自分たちの発見したことを図表にまとめ，実験が好きな別の生徒は，技術の改良を示す見本を作った。そして，話すことが得意な生徒が背景情報をリサーチした[12]。

次の例では，Ofstedは同じ学校の2つの授業を比べている。1つは新しい革新的カリキュラムの一部であり，もう1つは旧カリキュラムによるものである。

　新しい指導法に不慣れな教師は，生徒が学習スキルを向上させても，彼らの能力を利用して授業ができるわけではなかった。そのため，生徒の言うところの「古いタイプ」の授業に戻ってしまい，生徒は苦痛を感じることもあった。例えばある学校では，リサーチ中心の学習アプローチを取り入れており，生徒は無線でつながったノートパソコンにアクセスすることに慣れていた。そのため，個別学習や，自分の作業をより広い視野で捉えることが奨励されていた。対して，このようなアプローチを使わず，教師からの説明に頼ることの多い授業では，生徒は落ち着かず，集中が途切れてしまった。この比較から，すべての教師が新しいアプローチの利点を理解し，生徒の高い期待に応えることが重要であると明らかになった[13]。

Ofstedは，インターネットで調べられるから生徒は事実をもう暗記しなくてよいと明示的に述べているわけではない。しかし，実際には，それに類する勧告や事例を提案している。科目別報告書では，教師が事実を教え生徒がそれを暗記しているようなケースはめったに称賛しないが，生徒がインターネットで情報を調べる授業は奨励している。明らかに外部にある知識に頼ればいいということが前提となっているのである。

なぜこの神話が誤りなのか

　多くの神話がそうあるように，この神話も部分的には真実を含んでいる。情報技術は信じられないほど素晴らしい発展を遂げ，社会を変える力を持っている。15年前なら何日もかけて文書館を物理的に総ざらいしたような類の研究が，今ならほんの一瞬でできてしまう。インターネットは知識へのアクセスも解放してくれた。重要な知識，例えば古い新聞記事がそのまま文書館に保存されていた頃は，それにアクセスできる人の数は限られていた。今では多くの重要な知識の記録集はオンライン化されているので，世界中の人が交通費を払ったり，仕事を休んだりしなくてもアクセスできる。教育を重視する人は，これらの技術的躍進と，それが可能にしたすべての利点と，未来にもたらすすべての可能性を歓迎すべきである。

　しかし，これまで見てきたように，多くの人はさらに踏み込んだ主張をするので，教育者の中には，情報技術が記憶や事実を教えることの重要性を減少させたとはっきり言う人もいる。実際には，限られた時間の大部分を，教師が事実を伝達する代わりに，生徒が新しい技術を使いながら事実を探すことに使うようになったことを意味する。

　この主張は本質的に，神話1で提示された証拠から神話であると言える。ここでもう一度簡単にまとめてみよう。長期記憶は脳という構造物に固定化された部分ではなく，私たちの知的プロセスを成り立たせるために必要な基本部分なのだ。どんな問題を解決しようとする時も，私たちは長期記憶に保持しているすべての知識に頼り，その知識が多いほど，多くのタイプの問題を解決することができる。なぜ長期記憶に保存された知識が必要で，外部にある知識だけに頼ることができないかというと，作業記憶には制限があるからだ。作業記憶は一度に3つから7つの新しい情報しか保持できない。

　同じ理由により，現代の技術は私たちの代わりに記憶をすることはできないのだ。検索だけに頼ることはできないし，グーグルに記憶を外注することもできない。基礎的事実が長期記憶にないと，作業記憶のスペースが空かないからである。グーグルで何かを調べると，作業記憶のスペースを使い切ってしまい，新しい情報を処理したり，他の情報と結合させることができなくなってしまう。それゆえ，幼い生徒たちがナンバーボンド（number bonds，足し算をしてある数になる結果の組み合わせ）や九九の表を学ぶことが非常に重要にな

るわけである。

　14×7の掛け算をしようとする際に，九九の表をよく知っていたなら，長期記憶から10×7と4×7を呼び出し，2つを足すだけでよい。もし九九の表を記憶していなかったなら，それぞれの和を別々に計算しなければならず，前半の和を出したところで後半部分のことを多分忘れてしまっているだろう。この現象，つまり前半部分の作業に没頭するあまりに質問の後半部分を忘れてしまうことには，子供だけでなく，大人でさえしばしばやってしまうことだが，これは作業記憶の制限によって起こる問題である。ナンバーボンドや九九の表のような，頻繁に使う情報の小片を長期記憶に保持しておくことにより，生徒が作業記憶に過重負荷をかけずに，複雑な問題を解けるようになるのである。

　たとえ答に至るプロセスが概念的に分かっていても，物事を暗記することに価値があるのはこのような理由からである。つまり，たとえ子供が九九の表の働きを概念的に理解していたとしても，それを暗記することにはそれでも価値があるのだ。それは，たとえ辞書で単語を引く方法を知っていたとしても，正しい綴りを知っていることが重要であるのと同じ理由である。頻繁に使われ，その他の多くの問題や作業の基礎にあるような知識は，確実に記憶しておかなければならないのだ。それは，無理なく，自動的に，即座に思い出せなくてはならない。

　ちょっと調べればよいというだけでは済まないもう1つの大事な理由は，調べるためには実は非常に多くの知識が前提となっているということである。自分の知らない単語を調べるために，辞書を引いて見出し語を見つけたと想像してみよう。その説明にはそれ自体が複雑な語や知識が詰まっている。長期記憶にたくさんの知識がある人は，その単語の定義の意味が分かるだろうが，そのような背景知識のない人にはそれができない。この背景知識はスキーマといって，新しい知識の理解を助ける役目をするのである。

　生徒に辞書や類義語辞典を使うよう命じても，常に意図した結果が得られるとは限らないのはこの理由による。科学者のジョージ・ミラー（George Miller）は実際にこのプロセスを使ってなぜ背景知識が重要なのかを示した。彼は生徒に辞書を使って新しい単語を学ぶように指示したのだが，生徒たちには調べている単語に関する背景知識がなかったため，このプロセスはかなり滑稽で，意味のないものになった。生徒たちが作ったいくつかの文を見ると，このような作業を生徒にさせた経験のある人ならだれでも思い当たることがあろ

う。

    Mrs. Morrow stimulated the soup.
    モロー夫人は，スープを刺激した。(つまり，スープを撹拌した)
    Our family erodes a lot.
    私たちの家族は多く腐食する。(つまり，外食する)
    Me and my parents correlate, because without them I wouldn't be here.
    私と両親は相関している，なぜなら彼らなしに私は存在しないから。
    I was meticulous about falling off the cliff.
    私は崖から落ちることに几帳面だった。
    I relegated my pen pal's letter to her house.
    私はペンフレンドの手紙を彼女の家に追放した[14]。

　以前，生徒の語彙力を向上させようとして，類義語辞典を使って'I am congenial at football.'「僕はフットボールと性分があっている」という文を書き直させたことを思い出す。
　同じことがインターネットの検索にも言える。話題になっているトピックに関して既存の十分な知識がない限り，参考にする文献の価値は限定されてしまう。E. D. ハーシュはこのように言っている。

    認知心理学には，知識を得るためには知識が必要であるという一致した意見がある。事実の詰め込まれたカリキュラムを，生徒はいつでもそれを調べられるという理由で拒否する人たちは，知識を重視しないと，実は効果的に調べることができないという逆説を見逃しているのだ。知識を犠牲にしてプロセスを強調することは，実は子供が学び方を学習することを妨げている。そう，インターネットはわれわれの指先に豊かな情報を置いてくれた。しかしその情報を使うため，つまり吸収し自らの知識に加えるためには，我々はその前に知識の貯蔵庫を持っていなければならない。それが認知研究によって暴かれた逆説である[15]。

　まさにこの理由により，生徒が１人で物事を調べるのは効率の悪い方法なのだ。前に紹介したFuturelabという組織は，インターネットを使ってあるト

ピックについてリサーチさせる時に陥る落とし穴の1つに少なくとも気がついてはいる。

　　生徒は漠然と関連のある，時には不正確な一連の情報を「コピー・アンド・ペースト」して，意味も考えずに「リサーチした」と思い込んでいると報告する教師が多い[16]。

　私もリサーチ作業をさせた時，まさにこのような体験をした。しかし生徒がそうするのは，わざと教師を悩ませるためではなく，意味を深く考えたり，物事の間の関連性の有無を識別するための知識がないからなのだ。新しい文章を理解するには，そこに含まれる語彙の95パーセントの意味を知っている必要があるとされている[17]。それくらいの知識がないと，理解不能になり，内容把握の間違いが起こりやすくなる。私たちが参考書やインターネットで目にする文章の多くは，非常に複雑な語彙を使っている。ハーシュが「惑星」についての辞書の定義の例を挙げているので見てみよう。

　　熟練者と初学者が，インターネットで「惑星」について検索し，以下の説明を見つけたとしよう。
　　惑星：太陽の周りを回る非発光性の物体。「惑星」という単語は小惑星を含むこともあるが，太陽系の他の構成員，つまり彗星，流星体は含まない。拡大解釈により，別の恒星の周りを回る同様の天体が発見されれば，それも惑星と呼ばれる。
　　例えば，惑星と彗星と流星体を惑星と呼ぶべきかは明確には知らないものの，これらの言葉について何らかの知識を持っている人なら，この説明から多くのことを学ぶだろう。対して，これらの言葉に初めて触れる初学者は，「科学的に考えることのできる」人であったとしても，この記述から学べることは少ないはずだ。惑星が何であるか分からないのであるから，多分，小惑星も彗星も流星体も分からないだろう。そういう人は，太陽が恒星であることも多分知らないだろうから，「別の恒星の周りを回る」という単純な語句でさえ不可解に感じるだろう。「太陽系の他の構成員」という語句も，「太陽系」を理解するには惑星が何であるかを知らなければならないから，同じように理解に苦しむだろう。想像力のある初学者な

ら長い時間をかけて幸運な推測に行き着くかもしれない。しかし，何かを調べるということは結果的にCatch 22（堂々巡りのジレンマ）の要素を持っている。何かを効果的に調べるには，その対象についてすでにある程度の知識がなければならないのだ[18]。

　私は以前自分のクラスの生徒に，インターネットを使ってチャールズ・ディケンズ（Charles Dickens）の一生について調べた上で，短いプレゼンテーションを用意させたことがある。ある生徒は，ディケンズの一生と，『大いなる遺産』の登場人物であるピップの一生を混同してしまった。なぜ混同してしまったのかは分からないが，この間違いの根本には，ここまでに述べてきた2つの問題があると推測される。間違った考えを排除するために必要なディケンズについての事前知識が十分になかったこと，そして文章を適切に理解するための語彙知識が十分になかったことである。生徒は多分ピップの話の一部がディケンズ自身の人生に基づいていると説明しているウェブサイトを見たのであろう。しかし，語彙力の弱さから資料を読みこなせず，ディケンズをピップだと思ってしまったのだ。

　私は辞書や百科事典の使用を否定するわけではなく，インターネットのリサーチ課題が絶対よくないなどと言おうとしているのでもない。もしリサーチ課題がしっかり構成され，教師が事実を教えることに取って代わるのではなく，それを補足するように使われれば，効果があるだろう。しかし，これまで紹介した証拠や実践では，そういう使い方は奨励されてはいない。Ofstedが賞賛する以下の歴史の授業を思い出してほしい。

　　9年生の生徒は，爆撃戦略の変遷について調査するという課題を与えられ，第一次と第二次世界大戦を比べることになった。彼らは調査項目を挙げ，教師の指導に従ってそれを整理した。生徒はそれぞれノートパソコンで学術サイトや一般のウェブサイトからデータを収集し，様々な解釈を試みた。この貴重な実習により，意味のある自立学習ができた。生徒は調査の大枠と，ポイントとなる質問を与えられてはいたが，どのように調査を進めるかは決められておらず，従って自分のスタイルと調査方法を開発することができたため，自立学習の効果はさらに強められた[19]。

もしかすると教師は前もって，この授業を価値あるものにするために，十分な事前情報をクラスで確認させていたのかもしれない。しかし，それは全く明示されてはいない。代わりに生徒がこの複雑な作業に必要なすべてのデータや解釈をインターネットから自力で見つけ出せたことが示唆されているのみである。これでは生徒が複雑な教材を学ぶプロセスの現実的な描写とは決して言えない。同様に，すでに示した以下の勧告においても，Ofsted は新しい事実の学習はすべて，教師の説明に頼らずインターネットで調べることを奨励している。

　　　新しい指導法に不慣れな教師は，生徒が学習スキルを向上させても，彼らの能力を利用して授業ができるわけではなかった。そのため，生徒の言うところの「古いタイプ」の授業に戻ってしまい，生徒は苦痛を感じることもあった。例えばある学校では，リサーチ中心の学習アプローチを取り入れており，生徒は無線でつながったノートパソコンにアクセスすることに慣れていた。そのため，個別学習や，自分の作業をより広い視野で捉えることが奨励されていた。対して，このようなアプローチを使わず，教師からの説明に頼ることの多い授業では，生徒は落ち着かず，集中が途切れてしまった。この比較から，すべての教師が新しいアプローチの利点を理解し，生徒の高い期待に応えることが重要であると明らかになった[20]。

　ここにもまた，Ofsted の論理的飛躍が見られる。彼らは，教師の説明が有効でない例を1つ見るだけで，問題は教師の説明そのものであり，解決策はそれを全廃してインターネットリサーチに置き換えることだと決めつけている。これはそういう問題ではない。教師の不適当な説明の解決策は，その全廃ではなく，改良であるはずだ。
　この章の初めに紹介した実践的アプローチのもう1つの問題点は，リサーチ・スキルが抽象的なまま教えられるものと想定しているところにある。RSA のオープニング・マインズ・カリキュラムでは，リサーチ・スキルの育成に焦点を当てるよう求めており，一方 Futurelab では「情報源や異なる意見についてクラスで議論」することと「質問スキルの育成」を奨励している[21]。
　スキルの育成の本質については神話5で詳しく扱う。ただ，ここで知っておかねばならないのは，リサーチ・スキルとは何かを詳しく見ていくと，それが

知識の大きな集合体の作用であることが分かることだ。優れた研究者とは，単にグーグル検索の1ページ目に出てくることを懐疑的に受け取るような次元をはるかに超えて，リサーチしているトピックに関して自分が持っている知識に，大いに頼っているのである。例えば誰かが私にインターネットにつながったコンピュータを渡して，国際クリケット選手権大会でどの投球者が，leg before wicket（球を打者の脚に当てる反則）によってドン・ブラッドマン（Don Bradman）をアウトにしたかを調べるように命じたとする。私は答を知らないが，インターネットが使えるので，即座に調べることができる。www.cricinfo.com というウェブサイトに行き，Statsguru というデータベースにあるすべての国際クリケット選手権大会の選手と試合について検索すればいいだけだ。

　それでは，誰かが私にメジャー・リーグ・ベースボール（MLB）でどの投手が，チッパー・ジョーンズ（Chipper Jones）を2回以上敬遠したか，調べるように命じたとしよう。私は手当たり次第にインターネット検索はできるが，検索語をグーグルに打ち込むこと以外，本当はどうすればいいのか分からないだろう。語句そのもので検索する方法を使って，「チッパー・ジョーンズ」や「MLB」や「敬遠する」などをウィキペディアに打ち込み，これらの語句の意味を推測することはできるが，この質問に答えるにはそれ以上の探索をしなければならない。どうしてこのようなことが起きるのであろうか。どうして私のインターネットでのリサーチ・スキルは，ある質問に対しては非常にうまくいき，構造も難易度も似ている別の質問に対してはうまくいかないのだろうか[22]。

　この違いは知識が領域限定的であることから生じる。この両方の課題に対して，インターネットの機能についての私の知識は一定であった。しかし，最初の質問については私の領域限定的知識が非常に高かったので，そのおかげで答を探すための正しい方略に素早く行き着くことができた。2番目の課題に関しては，領域に関する知識がほとんどなかったので，それができなかった。2番目の課題への対処を改善するのは，正しい情報源を見つける方法や，正しいグーグルの使い方や，データベースの操作法についてヒントをもらうことではない。野球についての知識がもっと必要なのだ。MLBが何であるか，投手がどんな役割を果たすか，チッパー・ジョーンズが誰であるか，そして敬遠するとはどういうことかについてもっと知識が必要だったわけである。実はこの質

問を考案するに当たって，野球とクリケットの両方をよく知っている友達に頼み，私の考案したクリケットの質問とよく似た野球の質問を考えてもらった。彼はそれぞれの用語の意味と，解決方法を簡単に説明してくれた。それは，私がクリケットの問題を解決した時に使ったのと似たプロセスであった。野球についても参照ウェブサイトがあり，そこには過去の多くの試合の記録が掲載されているので，そのデータベースで検索する適切な言葉を思いつけばいいのだ。しかし，彼がどのように検索語を作るか説明してくれた後でも，自分では彼の示したものに似た別の検索語を作ることはできないであろう。この類のリサーチの問題解決に上達する唯一の方法は，まず対象分野，ここでは野球についてもっと多くのことを知ることなのである。

　ある人が高いリサーチ・スキルを持っていると言えるのは，その人に一般的な知識があるために，遭遇する多くのリサーチ課題がよく理解できるからである。私も十分リサーチスキルを持っていると思いたいが，ここで挙げた例のように，何も知らない分野についてリサーチ問題を出されたらすぐに躓いてしまう。

　何かを調べる能力に頼ることができるのは，初めからそのことについてかなりよく知っている場合だけである。物事を効果的にリサーチできることは，疑いもなく重要なスキルであるが，そのスキルは広い知識に依拠している。生徒に物事を調べることができるようになってほしければ，抽象的で一般的な方略だけに焦点を当てるのでなく，彼らがここに述べたような広い知識を持っていることを担保しなければならない。その他の重要なスキル，例えば創造性，分析力，問題解決力，そして読み書き能力に対してさえ同じことが言える。これらのスキルを教える最良の方法については次章の神話5で述べる。

注
1) Quote Investigator. You don't have to know everything. You just have to know where to find it（2012），http://quoteinvestigator.com/2012/04/02/know-where-to-find/（accessed 4 March 2013）.
2) Wheeler, S. Content as curriculum?（2012），http://steve-wheeler.blogspot.co.uk/2011/12/content-as-curriculum.html（accessed 4 March 2013）.
3) *Telegraph*. Learning by heart is 'pointless for Google generation'（2008），www.telegraph.co.uk/education/primaryeducation/3540852/Learning-by-heart-is-pointless-for-Google-generation.html（accessed 3 March 2013）.
4) Association of Teachers and Lecturers. ATL conference 2012 – Cover story（2012），

www.atl.org.uk/publications-and-resources/report/2012/2012-may-cover-story-conference.asp（accessed 4 March 2013）.
5) *Telegraph*. Primary school league tables: Top head attacks 'pub quiz'-style schooling（2011）, www.telegraph.co.uk/education/primaryeducation/8958808/Primary-school-league-tables-top-head-attacks-pub-quiz-style-schooling.html（accessed 4 March 2013）.
6) Royal Society of Arts Opening Minds. RSA Opening Minds competence framework（2013）, www.rsaopeningminds.org.uk/about-rsa-openingminds/competences/（accessed 4 March 2013）.
7) 同上.
8) Payton, S. and Williamson, B. Enquiring minds: Innovative approaches to curriculum reform（2008）, p. 33, http://archive.futurelab.org.uk/resources/documents/project_reports/Enquiring_Minds_year4_report.pdf（accessed 4 March 2013）.
9) 同上.
10) Office for Standards in Education, Children's Services and Skills. History for all: History in English schools 2007/10（2011）, p. 54, www.ofsted.gov.uk/resources/history-for-all（accessed 4 March 2013）.
11) Office for Standards in Education, Children's Services and Skills. Geography: Learning to make a world of difference（2011）, p. 16, www.ofsted.gov.uk/resources/geography-learning-make-world-of-difference（accessed 4 March 2013）.
12) Office for Standards in Education, Children's Services and Skills. Making a mark: art, craft and design education 2008-11（2012）, p. 19, www.ofsted.gov.uk/resources/making-mark-art-craft-and-design-education-2008-11（accessed 4 March 2013）.
13) Office for Standards in Education, Children's Services and Skills. Curriculum innovation in schools（2008）, pp. 15-16, www.ofsted.gov.uk/resources/curriculum-innovation-schools（accessed 4 March 2013）.
14) Miller, G.A. and Gildea, P.M. How children learn words. *Scientific American* 1987; 257: 94-99.
15) Hirsch, E.D. You can always look it up ... Or can you? *American Educator* Spring 2000（2000）, p. 2, www.aft.org/pdfs/americaneducator/spring2000/LookItUpSpring2000.pdf（accessed 4 March 2013）.
16) Payton, S. and Williamson, B. Enquiring minds: Innovative approaches to curriculum reform（2008）, p. 33, http://archive.futurelab.org.uk/resources/documents/project_reports/Enquiring_Minds_year4_report.pdf（accessed 4 March 2013）.
17) Laufer, B. The lexical plight in second language reading: Words you don't know, words you think you know, and words you can't guess. In: Coady, J. and Huckin, T.（eds）*Second Language Vocabulary Acquisition: A Rationale for Pedagogy*. Cambridge: Cambridge University Press, 1997, pp. 20-34.
18) Hirsch, E.D. You can always look it up ... Or can you? *American Educator* Spring 2000（2000）, p. 2, www.aft.org/pdfs/americaneducator/spring2000/LookItUpSpring2000.pdf（accessed 4 March 2013）.
19) Office for Standards in Education, Children's Services and Skills. History for all: History in English schools 2007/10（2011）, p. 54, www.ofsted.gov.uk/resources/history-for-all（accessed 4 March 2013）.

20) Office for Standards in Education, Children's Services and Skills. Curriculum innovation in schools (2008), pp. 15-16, www.ofsted.gov.uk/resources/curriculum-innovation-schools (accessed 4 March 2013).
21) Payton, S. and Williamson, B. Enquiring minds: Innovative approaches to curriculum reform (2008), p. 33, http://archive.futurelab.org.uk/resources/documents/project_reports/Enquiring_Minds_year4_report.pdf (accessed 4 March 2013).
22) クリケットの問題の解答は，以下の Statsguru というサイトで検索すると見つけることができる。http://stats.espncricinfo.com/ci/engine/stats/index.html．野球の問題の解答は，Baseball Reference.com を検索すると得られる。http://tiny.cc/kofjtw（both accessed 6 March 2013).

神話 5
転移可能なスキルを教えるべきである

人々がこれを信じ，それが教育政策と教室での実践に影響を与えたという証拠はどこにあるのか。

この神話を支えている理論

　神話 3 では，知識は常に変化するものであるとする神話を取り上げ，神話 4 では，神話 3 に対する解決法に含まれる神話を紹介した。知識を教える代わりに生徒自身が調べることに期待するこの論理に従うなら，別の付随的な問題が起こる。知識を教える必要性がなくなったら，生徒が学校で過ごす時間を何か他の活動で埋め合わせなければならなくなる。それには何がいいだろうか。この章ではこの問いに対する最も一般的な答の 1 つである，転移可能なスキルの指導について述べる。それは生徒に「何を」ではなく「いかに」を教えること，つまりいかに問題を解決し，分析し，批判的に考え，評価するかを教えることである。これらの重要なスキルを，現在，そして将来人生で遭遇するいかなる内容に対しても応用できるように教え，そこでは何よりも，いかに学ぶかが重要とされる。なぜならいかに学ぶかを教えておけば，どんなに知識が速く変化しても対応できるからである。新しい知識が必要になったら，それを学べばよいのである。デイビッド・ミリバンド（David Miliband，労働党所属の政治家）が 2003 年に言及したように，21 世紀型教育の一番重要な役割は「一生続く変化に備えて学び方を学んでおくこと」なのである[1]。

　ガイ・クラクストン（Guy Claxton）教授にとっても，特に重要なのは学び方を学ぶことである。クラクストンは心理学者で，実社会学習センター（Centre for Real-World Learning）の共同ディレクターを務め，ウィンチェスター大学（University of Winchester）の学習科学学部の教授でもある。教育と「学ぶ力」の重要性に関する多くの著書があり，「学ぶ力の構築」に関する研究は，Ofsted の報告書でも言及され，称賛されている[2]。「若い人たちがより良い選択をし，うまく問題解決をし，強力な学習者になれるような能力」を強化することが教育の任務であると彼は言う[3]。なぜかというと，特定の知識やスキルは急速に時代遅れとなるかもしれないが，「汎用的な学習能力には消費期限がない」からだ[4]。新しいことを学ぶ能力のない生徒は「無学習力者」である。だから，「読み書きや基本的計算力よりもっと重要なのは，若い人たちの"学習力"を保全し，育成することである」[5]。この言葉が示唆するように，クラクストンは私たちが前の2つの章で紹介した論理の多くを支持している。すなわち，現代の技術的発展の結果，生徒に信頼できる事実を教えることはもはやできなくなったということである。

　21世紀の教育は，経済効率と学習者個人に起因する2つの理由により，再構成されるべきである。よく持ち出される経済効率による議論では，知識の変化があまりに速いので，若い人たちがこれから知るべきことが教師にも分からず，与えることができないということだ。よって，代わりに将来必要なことを学べるように，我々は柔軟で融通のきく頭脳を育成しなければならない。それが達成できれば，革新的で豊かな能力を持つ人たちからなる世界的レベルの労働者が得られるだろう[6]。

クラクストンは，教育の目的は，「柔軟で融通のきく頭脳を育成」することだと言い，頭脳を筋力になぞらえるたとえを長々と展開している。彼にとっての教育は，重要な頭脳の筋力群を鍛錬することなのである。

　数学，歴史，あるいは音楽の練習によって特に訓練できるのは，どの頭脳筋力群だろうか。この観点から見た場合，これらの科目でよく取り上げられているトピックはどれだけ筋力を伸ばせているのか[7]。

頭脳筋力というたとえは，スキルが転移可能かつ指導可能であることを示している。買い物袋や山積みの本を持ち上げるのには文字通り本来の筋力を使う

し，筋力を訓練してその能力を全体的に向上させることもできるだろう。だから，頭脳を筋力にたとえることは，学習力や創造性や問題解決力といった一般的スキルも教えたり学んだりできることを示唆している。この章の実践の部分では，クラクストンがこれらの汎用スキルをどのように教えるべきだと提唱しているかを見ていく。

RSA のオープニング・マインズ・カリキュラム（王立技芸協会によって開発された能力ベースのカリキュラム）も類似した論理に従っている。すでに5つのコア・コンピテンス（中核能力）については触れたが，その論拠となるのは，以下のような考えである。

> コンピテンスに基づいたアプローチをすれば，生徒は科目知識だけでなく，より広い学びができ，人生の中でそれを理解し，利用し，応用することができるようになる。また，包括的で一貫した学習ができるため，異なる科目領域間で関連づけや知識の応用ができるようになる[8]。

教師・講師協会（ATL）はカリキュラムに関する報告書の中で次のように述べている。

> 事実の丸暗記は，次世代が情報時代を生き抜くのに大切な転移可能なスキルを育成することに道を譲るべきである[9]。

ここでもまた，事実を学ぶこととスキルを学ぶことが対峙させられている。結局のところ，転移可能なスキルの指導に関する理論は，この二項対立を再生産し，転移可能なスキルの習得が事実学習の必要性を否定しているという決めつけを前提としている。

教育現場における実践

この理論が実践ではどのように使われているか見ていくと，転移可能なスキルを教えようとする多くの試みでは，各科目を教える時間を削減し，プロジェクトに充てる時間を増やしていることが分かる。科目対プロジェクトの議論は次章に譲るとして，ここではプロジェクトを通じてであれ，それ以外の方法に

よるものであれ，転移可能なスキルが実際どのように教えられているかについて見ていこう。

　神話1では，現在のナショナル・カリキュラム（NC）を考案した人たちが学習内容を故意に減らしたことを説明した。多くの学校がこれを機に，新しいカリキュラムに基づいて転移可能なスキルを教えるために時間割を組み直した。科目を中心にカリキュラムを組む代わりに，スキル中心のカリキュラムを選んだのである。このようなアプローチを援助したいくつかの重要な外部機関があったのだが，神話3で取り上げたRSAのオープニング・マインズ・カリキュラムがおそらく最も顕著な例であろう。ノーサンプトンシャー州のカンピオン校（Campion School in Northamptonshire）は，2004年にオープニング・マインズを導入し，その経験について国立教員研究諮問委員会（National Teacher Research Panel）の一員として記録を残している。

　　　オープニング・マインズ・プロジェクトはNCに対抗するものと位置付けられてきたが，実は内容よりもスキルに焦点を当てている。NCを精査すると，科目同士の要件に類似性があるのは明白である。例えば，すべての科目領域に生徒が評価をしたり，記述や説明をしたりするなどの要件がある。人生で成功するためには，これらの要件や他の多くの方略が必要なのである[10]。

　カンピオン校は，もちろん正しいことを言っている。神話1で見たように，NCを詳細に精査すると，NCの科目要件にはオープニング・マインズとの間に非常に類似性が見られる。確かにNCはこのようなアプローチを奨励するように構想されている。
　カンピオン校の改革目的は転移可能なスキルの学習を促進させることであった。

・キーステージ3のカリキュラムにある読み書き，基本的計算力，ICT能力などの転移可能なスキルとコンピテンシーの育成をすること。
・カリキュラムに「学び方を学ぶ」ことと「感情知能」を含むこと[11]。

　カンピオン校ではいくつかの科目を1つにまとめ，プロジェクトとして教え

た。その目的は，カリキュラムの 80 パーセントの時間をオープニング・マインズに割り当て，その時間を主にプロジェクトの実施に使うことである。毎年 6 件のプロジェクトが実施され，次の 5 つがその例である――「賢い頭脳（最初のプロジェクトで，学び方を学ぶ）」，「ニュース速報」，「世界の問題」，「不公平」，「時間」[12]。残念ながら，個々の授業で実際に何が学ばれたか詳しくは分からない。

　オープニング・マインズはこのようなアプローチを推進しているが，クリス・クィグリー（Chris Quigley）によって書かれた人気のある指導ガイドシリーズも同様である[13]。これらの参考書は，キーステージ 1 からキーステージ 2 までに含まれる NC スキルを 6 つの半期用テーマ（プロジェクト）によって実現する方法を示している。それらの本は，NC の科目スキルをリストアップしたグリッド（表）を提供しており，学校は，プロジェクトを行う際にそれを通じて学べるスキルを把握できるようになっている。これらのスキルはキーステージ 1 とキーステージ 2 の唯一の法定部分であり，このアプローチは NC の中で機能するものとして認められている。

　実際，このアプローチは Ofsted によって積極的に奨励されている。最新の刊行物では，ある学校の「独創的かつカリキュラム横断型トピックによるアプローチ」を称賛しているが，その構成はオープニング・マインズのものとよく似ている[14]。カリキュラム刷新についての 2008 年の報告書は，現状について全般的に好意的であり，学校がカリキュラム刷新のため以下の 4 つのアプローチを主に採用したことを記している。

- 科目別ではなく，共通テーマあるいは科目間の関連付けを通じてカリキュラムを実施すること。
- カリキュラムの実施時間を柔軟に使うこと。
- 新しいカリキュラム導入への道筋を作ること。
- 学習スキルの育成に集中すること[15]。

　最初と最後の項目はここまでに議論してきたような刷新を含んでおり，この報告書にあるその一例は，以下のオープニング・マインズのものと類似している。

7年生の間に，生徒は6つのプロジェクトを終えた。それぞれ半学期（公立校の1年は3学期制で，1学期は13週からなる）を使い，テーマは「旅」，「アイデンティティ」，「肯定的イメージ」，「芸術による攻撃」，「生き残り」，「権力と栄光」である。これらは，地理，歴史，宗教教育，ダンス，演劇，美術と，その他の個人，社会，健康教育の科目を利用して実施された。生徒は，自分の成長を，各週あるいは各課ごとに示されたコンピテンシーと照らし合わせて評価することができた。その結果，自分の長所と弱点を把握でき，それが学習への強い刺激となって教育水準が上がった[16]。

転移可能なスキルに基づくアプローチが，科目指導を全く排除してしまうわけではない。『行動を通した学習力の構築』（*Building Learning Power in Action*）という本の中で，ガイ・クラクストンと2人の共同研究者は，生徒たちの学ぶ力を改善し，スキル向上の助けとなるような科目授業の中で使える多くの活動例を挙げている。例えば，科学という科目を通じて，想像的スキルを教えるため，彼らは次のようなことを推奨している。

　　生徒は複雑な道徳問題をよりよく理解するためにロールプレイを使う。議論の出発点として，関係する人々の感情，感覚，行動を想像して実演する[17]。

地理を通じて想像的スキルを教えるためには，以下のような活動を推奨している。

　　生徒は地面に横たわり，空を見てリラックスする。雲を詳細に観察し，それから目を閉じて，嵐が近づいたら空はどのように変化するか想像し，想像した変化を後で学んだ深い知識と関連付ける[18]。

しかしながら，学習についての振り返りが必要になる活動や授業が，どの科目にもうまく織り込まれていないことが多い。例えば，クラクストンらの本では以下のように助言している。

生徒はよい学習者のイメージ図を作ってみる。蜂の巣はアイディアが湧いてくる様子を表し，道具箱はよい学習者に必要なスキルの幅を示す。彼らは自分たちが気づいた学習行動を示すため，自分や他の人たちの写真をディスプレー上のイメージ図に合致させてみる[19]。

　学習について振り返ることは，転移可能なスキルを直接教えようとする多くの授業に必須な部分のようである。カンピオン校では，隔週で学習方法について学ぶ別個の授業を行っている。

　　学び方を学ぶコースの内容は以下を含む。
・脳のすべてについて。
・感情が脳にどんな影響を与えるか，および気分をどのように制御するか。
・知能の本質を調査する。
・多重知能（multiple intelligence）モデル，および学習の壁を崩すためにそれをどのように使うか。
・学習スタイル。
・右脳と左脳の優位性，および視覚，聴覚，運動感覚を使う学習スタイルを評価する。

ここでの主眼は，より効果的に作業するために，どうしたら脳全体を使うことができるかということ，つまり感情知能である。ダニエル・ゴールマン（Daniel Goleman）が定義したように，人生において成功するためには他のどんな資質が必要かを見ていく。つまり，粘り強さ，楽観主義，共感，気分の制御，自己認識，欲望の抑制などである。我々はこれらの資質を明示的に教えることを試み，そして，生徒にこれらの資質は伸ばすことができ，成功を望むなら伸ばさなくてはならないと助言する。思考スキルやリサーチ・スキルについても取り入れており，これは専門家，すなわち学内のMBAモジュール（加速学習理論をある程度深く探求して，効果的な指導・学習管理について学ぶモジュール型研修）を修了した教師によって教えられている。授業は音楽（もちろん脳波に優しい類のもの）とブレイン・ジム（brain gym，脳細胞を活性化させる運動）を20分の間隔で行い，常に学習ログに記入するところから始まり，メタ認知にかかわるこ

と，つまり，自分の思考を客観的に理解する活動を奨励している[20]。

カンピオン校が「メタ認知的」と呼んでいる方法は，評判のよいアプローチである。例えば，「相互リーディング」プログラムは生徒に読むことを学ばせるためにメタ認知を使う。これは生徒主導のプログラムで，生徒はリーディングの理解度を上げるために以下の4つの方略——文章の一節を読んだ後，質問，要約，明確化，予測——を使って内容を理解したかどうかを自分で確かめる[21]。Ofstedの読み書きに関する最も新しい勧告でも，読み書きスキルの直接指導においてこれと類似したアプローチが推奨されている。

現在，カリキュラム横断的にリーディング・スキルを効果的に育成している学校はほとんどない。査察官が，そのようなスキルの直接指導を見ることは稀である。例えば，スキミング，スキャニング，詳細を把握する（インターネット上の材料も含めて），索引や語彙解説の使用，重点の認識やノートを取ること，要約，複数の出典を使うことなどである[22]。

まとめると，多くの学校が転移可能なスキルを教えるためにカリキュラムを再編してきた。そこでの最も人気のある方法の1つが，プロジェクトを通じてテーマに沿った授業をすることである。

なぜこの神話が誤りなのか

この神話の中心にある真実は，もちろん，生徒がすでに知っていること，できることを，新しいよく知らない状況に転移できるようになってほしいと私たちが望んでいることである。それは教育目的の1つではあるのだが，間違っているのは，これらの能力を育成するためには，抽象的なスキルの習得に焦点を当てた特別の授業が必要だとする主張なのである。

これまで見てきたように，知識とスキルは絡み合ったものであり，それゆえにスキルだけを切り離して，それだけを教えることはできない。転移可能なスキルの支持者の主張を徹底的に分析すれば，それは明らかだ。カンピオン校は，NCの異なる科目で必要とされるスキルがすべて似通っていると記しているが，まさにそうなのだ。しかし，それはこれらのスキルは似通った様式で教

えることができるという意味に本当になるのであろうか。確かに難しい数学の問題を分析することも，難しい歴史的問題を分析することも必要であるが，両方を分析するスキルが育成できるような授業方法があるのだろうか。生徒には，もちろん科学的事実を雄弁に伝えることができるようになってほしいし，文学的事実もスムーズに伝えられるようになってほしい。しかし，両方において熟練した技能を育成できるような汎用的伝達方略などというものはあるのであろうか。

　答は否である。ダン・ウィリンガム（Dan Willingham）も示しているが，私たちは頭脳がどのように機能するかについて一般的に誤解をしている。つまり，どんなデータであれ，あるデータについてはある操作を行うことができるという計算機のような機能を想定しがちである。一群のデータについて計算機のように特定の操作を行うことができれば，別のデータ群に対しても同じ操作を行うことができると思う。これはもちろん，これまで見てきたオープニング・マインズのカリキュラムを支えている理論である。カンピオン校が言っているように，NCのすべての科目で必要とされるスキルが類似しているので，科目を統合するのは簡単だった。しかし，脳はそのようには機能しないのである。

> 　しかし人間の頭脳はそのようには機能しない。例えば，第二次世界大戦のきっかけについて批判的に考えることを学んだからと言って，チェスのゲームや，中東の現状について，アメリカ独立戦争のきっかけについてさえも，批判的に考えられるわけではない。クリティカル・シンキング・プロセスは，背景知識と関連している（ただし，神話6で述べるように，経験を積むとその度合いは相当低くはなる）。このことについて認知科学研究から導かれた結論は単純明快なものだ。生徒にはクリティカル・シンキング・スキルの練習と並行して背景知識の習得も保証しなくてはならないのである[23]。

　これまでに見てきた授業例の中に，生徒が背景知識を習得したか確かめるために時間を割くようなものはほとんどなかった。
　この問題に関する興味深い調査がチェス競技者を使ってなされてきた。よく引用される実験は1946年に遡り，オランダのチェスの達人であり心理学者で

もあったアドリアン・デ・グルート（Adriaan de Groot）によって行われた。ここではハーバート・サイモンとウィリアム・チェイス（Herbert Simon and William Chase）の記述によりそれを紹介する。

> 彼（デ・グルート）は，被験者にはチェスの配置を非常に短時間（2〜10秒）見せ，記憶からその配置を再現するよう依頼した。これらの位置は実際の達人たちのゲーム（master games）から再現されているが，被験者はそれを知らない。結果は劇的であった。名人や達人は，約25のコマの配置をほとんど完璧に（約93パーセントの精度で）再現できた。達人に分類された人たち（名人とほぼ同じくらいの精度だった）と単なる熟練者に分類された人たち（かなり低い72パーセントの精度）の境界のあたりで，結果に急落が見られたのだ。上手なアマチュア（アメリカの格付けではクラスAの競技者）は半分くらいしか，そして初学者（我々の実験で初めてチェスを経験）は8コマ（約33パーセント）しか元の位置に戻せなかった[24]。

数年後，サイモンとチェイスはデ・グルートの実験を繰り返したが，同様の結果を得た。ただ，彼らは極めて重大な対照実験を加えた。

> 我々は，もう一歩踏み込んで，以前の実験で使ったのと同じコマを使ってランダムな配置を作った。同じ条件の下では，達人から初学者までのすべての競技者が，平均3から4コマの位置しか思い出せなかった。それは実際のチェスの配置を使った実験における初学者の結果にさえ到達しなかったのである[25]。

これは，認知における長期記憶の重要性を示す有名で重大な実験である。チェスは純粋な論理のゲームとされており，そこでは強く抽象的に働く「頭脳の筋力」が優秀な競技者と弱い競技者を分ける。しかし実際には，優秀な競技者と弱い競技者の間の最も重要な違いは，彼らの持っているチェスの典型的な配置に関する知識であった。つまり，チェスというゲームは知識に束縛されていることが分かったのだ。他の領域にも同じことが言えることをハーシュは次のように説明している。

この実験は，いくつかの別の実験で，そして代数，物理，医学などの他の分野でも構造的に再現され，常に同じような驚くべき結果をもたらした。課題の配置がかなり変わると，過去のスキルは新しい問題に転移しないのである。もちろん，通常の学習環境では，過去の問題の要素が現在の問題に現れるため，熟練者は重複した要素の助けによって良い結果を残す。しかし，同様の，あるいは類似の環境がない場合，スキルは転移しない[26]。

　サイモンは，自身の実験から，熟練したチェスの競技者は，長期記憶に1万から10万種類のチェスの配置を蓄えていると示唆した[27]。名人がチェスの専門的知見を得るのはそこからなのであって，抽象的な推論をする「脳の筋力」からではない。よって，生徒に分析やクリティカル・シンキングの方略やヒントを教えさえすれば，彼らが分析やクリティカル・シンキングの筋力を使えるようになると考えるのは間違っていることになる。
　それでは，大人の中には優れた一般的思考スキルを持った人がいるという事実はどう説明したらいいのだろうか。そして，どうしたらすべての生徒に対してそのようなスキルを育成することができるのだろうか。この両方の質問への答は知識にある。

　　有能な人は幅広い領域的知識を持っているから21世紀型スキルを獲得できた。21世紀型スキルが知識を基にしていることは，膨大な証拠が支える唯一の答である。一般知識テストでの高得点は21世紀型スキルと相関することが多いのだが，それはそのようなスキルの唯一信頼性のある基盤が多くの領域にわたる幅広い知識の所有だからである[28]。

　知識がスキルであることに注目するハーシュは正しいが，これは直観に反しているようにも感じられるだろう。私たちが日常的文脈で「スキル」や「知識」という言葉を使う時，明らかにそれらは違うものを意味する。「スキル」という言葉は明らかに誰もが理解できる現象を述べている。もし誰かのことを数学の問題を解くスキルがある人だと言ったら，明らかにその人が単に九九の表や公式のリストを知っていることだけを意味するのではなく，その人が知識を操作して，まだ遭遇したことのない問題にもそれを応用できることを意味す

るのである。

　しかし,「スキル」という言葉は現実を述べるのには役立つ一方,現実の分析の提供に関してはほとんど役に立たない。このように用語が何かを明示するよりも不明確にしてしまう点について,ハーバート・サイモンは次のように言っている。

　　　言葉の魔術は,我々がある現象を説明できない時,モリエールの作品に出てくる医者がアヘンの効能を催眠性によって「説明」したように,時にそれに名前を見つけることで済ませてしまうところにある。同様に我々は優れた問題解決スキルを「才能」,「直観」,「判断」,「想像力」などと呼ぶことで「説明」した気になるのだ[29]。

「スキル」と言う言葉についても同じことが言える。それは私たちが認識する現象を記述するためには優れているが,どのようにその現象の特性を習得したか,あるいは習得できるかについて説明することにはそぐわない。ある人が数学の問題を上手に解くと記述するのは真実で役に立つかもしれないが,その人の数学的スキルが高いレベルだから数学の問題を解くのが得意だ,というような説明はあまり役に立たないし,このような説明は更なる疑問を喚起する。サイモンは以下のように言う。

　　　しかしながら,これらの言葉の裏には,もし我々が熟練者の優れた作業を理解したいなら,知らなくてはならない現実が通常隠れている。物理や工学の問題解決に秀でた人によく貼られるレッテルに「自然科学的直観」というものがある。自然科学的直観に優れた人はしばしば難しい問題を素早く,そして対処計画を意識的に考慮せずに解くことができる。そういう人たちにとっては,ある課題に対して運動量保存の法則を応用すると誤った答になるとか,算定式の他の条件と比較して影響が小さいから運動エネルギーの条件は無視できるといったことは単に「ひらめく」わけである。しかし自然科学的直観を現実として認めることは,その説明を求めることの前奏のようなものでしかない。直観はどのように作用するのか,そしてどのように習得できるのか[30]。

それでは，いったい高い数学的スキルやその他のスキルは何によってもたらされるのか。これがサイモンが答えようとして多くのリサーチを行ってきた問題であり，先の論文で彼はこのような結論を引いている。

　　熟練者のスキルの本質的必要条件を求めて探求したそれぞれの領域において，かなりの知識が必要であることが判明した。熟練者が問題解決をする時に使う専門的知識とプロセスの種類についての理解が増しつつあるため，適切な知識と問題解決プロセスの習得に必要な学習プロセスの探求も可能になってきた。しかしながら，いつか人々が苦労なしに即座に熟練者になれると想定できる理由はない。熟練者が用いる知識量は明らかに大きく，そして，人間の学習プロセスに関しての既存の発見は，熟練者の使うプロセスはどんなに効果的な学習法をもってしても長い間訓練されなければ得られないことを示唆している。学習プロセスをより効果的にする方法を発見できるかもしれないという希望については，理にかなった根拠があるが，努力なしの学習という奇跡は期待すべきではない[31]。

　チェスの熟練について書かれたサイモンのエッセイからの以下の引用も意義深い。

　　問題は，人はそもそもどうやって達人になるのかということだ。答は練習，それも何千時間もの練習である。練習の初期には，コマを動かす順番は，ゆっくりと意識を働かせながら発見学習的な模索を通して決められる。「あのコマを取ったら彼はこのコマを取る……」というように。しかし練習とともに，初期の条件は即座に無意識にパターンとして認識されるようになり，妥当な次の手もほとんど自動的に決定されるようになる。達人レベルに必要な何千ものパターンを熟知するには，その学習プロセスに何年もかかる。明らかに，練習は才能と相互に作用するし，ある程度の基本的認知能力の組み合わせはチェスと特別な関連があるかもしれない。しかし，達人が基本的な知的要素において，平均以上の能力を持っているという証拠はない。つまり，彼らの才能はチェスに特化されている（ただし，世界チャンピオンクラスの名人は複数の領域において非凡な才能を持っているかも知れないが）。チェスのスキル習得はその大部分が，識別

した記憶を蓄積することによるのである[32]。

すでにアンダーソン（John R. Anderson）がこれに似たことを言っているのを神話1で紹介した。

> 知性とは，全体として複雑な認知を生み出すように，小単位の知識を数多く集積・調律しただけのものである。全体は部分の合算以上のものではないが，しかし，それはたくさんの部分からなる[33]。

従って，私たちが常に遭遇するスキルというものは，私たちが長期記憶として持っている知識と，記憶からその知識を引き出す練習によって説明できることが分かる。重要なのは，関連性のある特別な知識の一片を引き出す訓練であって，それを選別せずに単に引き出すというような一般的な能力のことではないということにも注目してほしい。

知識とスキルの区別は間違った二分法であると人々が論じているのも頻繁に耳にする。前述のように，これは妥当な議論である。知識とスキルが対極にあると考えるのは間違っている。しかし，その認識からスキルも知識も両方教えるべきであると人々が結論付けることもよくあるが，それは妥当ではない。サイモンが示しているのは，抽象的な方法でスキルを教えるのは実際には不可能であるということである。私たちは知識を長期記憶に貯え，それを使う操作を練習することにより，熟達した作業（skilled performance）を達成できる。知識とスキルの区別は間違った二分法であると認識した上で，そこから引き出せる実践的結論は，「生徒が知識を記憶し，記憶からそれを引き出す練習を積めば，それが熟達した作業を生み出すであろう」ということになる。

私が重箱の隅をつつくようなつまらない意味の違いを取沙汰していると反論することもできるだろう。そして，スキル教育について語りそれを疑わない多くの人が，実は意に反して熟達した作業を生み出すために知識を積み上げる指導をしているということも確かな事実なのである。しかし私がこの問題にこだわり続けることに価値があるとしたら，そういう指導が行われていないことも多いからだ。この章の前半で見たように，この意味の取り違えが，望ましくない実践の根底にあることが多い。もし自分が教える時間のすべてをスキル教育に充てるべきだと考えたり，あるいは知識教育とスキル教育を分割し，ある割

合で別個に教えるべきであると考えるなら，スキル教育に充てられた時間は，実際はスキルを向上させない練習に充てられたことになってしまう。例えば，これまでの例にあるように，多くの理論家が生徒に文章をざっと速く読ませたり，情報探しをさせたり，その文章の主旨を見つけさせることで，一般的リーディング・スキルを教えるよう奨励している。しかしこれらのストラテジーは，リーディングが一般的スキルではないため，限定された利点しかない。リーディング能力は知識に依存しているので，生徒のリーディング・スキルを向上させようと思うなら，語彙習得か，実は他の科目の知識を教えることに時間を使う方がよほどよい結果を生む。実際，本章の前半部分で紹介した授業では，スキルを構築するといいながら，生徒たちはスキル獲得のために必要な知識の構築を含まない活動をしていた。生徒にとって広汎な一般的知識を構築することがいかに重要かという認識に立つなら，このような授業がそういう機会を奪っているのは明白だ。科学における倫理問題を考えるためのロールプレイを作成させる時間は，実際に原子や，化合物や，混合物，物質の状態について学ぶ時間を奪っている。どのようにアイディアを得るかのイメージ図を描くために使われた時間は，生徒が時系列スキーマを体得するために必要な歴史的事実を教える時間を奪うことを意味している。転移可能なスキル習得のために使われた時間は，実は転移可能なスキルの構築につながる知識学習に使われてはいないのである。

　このような教え方が，信用のない擬似科学的な学習概念の盲信を反映しているのも心配なことである。カンピオン校の「学び方を学ぶ」モジュールの中で，ジャッキー・ビア（Jackie Beere）は，「生徒はまずブレイン・ジムから始め，その後自分の好みの学習スタイル（視覚的，聴覚的，運動感覚的）で訓練を行う」と言う。オープニング・マインズも育成すべき主要な能力の1つに学習スタイルを含めているが，ブレイン・ジムも学習スタイルもその概念自体が完全に信用を失ってきている[34]。どちらも支持する証拠はなく，他の場所で説得力を持つ検証によって徹底的にその仮面をはがされているので，私の神話リストには含めなかった。にもかかわらず，このような考えがいまだに喧伝されているのを見ると不安になるが，それらは私が述べている神話と共存しているので受け入れられていても不思議ではない。

　同じ原則はリーディングにも当てはまる。リーディング能力はどんなテクストにも応用できる汎用スキルだと考えられがちであり，Ofstedもリーディン

グ・スキルを直接教えるよう推奨しているのを目にした。実際には，リーディング力のある人とは，多くのことについて広範な知識を持っている人のことである。広い一般的知識があるから様々なテクストを効率的に読むことができるのだ。

同様に，リーディング力があるとされている人でも，あまり知らないトピックの文章になると読むのに苦労する。イギリス人がアメリカの新聞のスポーツ欄を見せられた時に，その理解にどんなに苦労するか考えてみるとよい。もちろん，その困難の一部は見慣れない語彙のせいであるが，実はもっと深い問題がある。テクストを読むことは単に単語の意味を知っていることだけに関連するのではないし，そこには文脈や，表現が意味する概念の理解が関係するのだ。何かを読む時に，私たちは長期記憶にある知識（神話1で述べたスキーマ）を使って単語の意味を理解する。婚礼関係の雑誌の中でもし train（ドレスの裾）と言う単語に遭遇したら，鉄道関係の雑誌で同じ単語に出会った場合とはまったく異なるスキーマを使う。もしエリザベス女王，アイルランド，ドレイクについての議論の中で Essex という単語に出会ったら，白いヒールや，リアリティ・テレビ番組（実際の人々を題材にしたテレビ番組で Essex を舞台にしたものがある）やナイトクラブについての議論の中での解釈とはまったく異なるスキーマを使うだろう。あるいは，次の文を見てほしい。

　　Jones sacrificed and knocked in a run.[35]
　　（ジョーンズは犠打を打ち，1打点を入れた）

ほとんどの英国民はこの文のすべての単語の意味は知っていても，この文の意味は全く分からないだろう。なぜなら，ジョーンズと彼の犠打についてのこの文を理解するためには，語彙や構文を超えた豊富な関連知識，すなわち文中の単語が示すよりずっと広い関連知識が必要だからだ[36]。この文を読んで意味が分からなかったら，4つの相互リーディング方略（108ページ参照）を応用してもあまり役に立たない。この文を理解するためにリーディング・スキルを向上させる必要はなく，知識こそが必要なのだ。

レヒトとレズリー（Recht and Leslie）による興味深い実験がこの点を証明している[37]。ここではダン・ウィリンガムの説明を引用する。

この点に関しての賢明な研究が，中学生を使ってなされた。標準リーディング能力テストによれば，半数は優れたリーディング力を持ち，半数はリーディング力が劣っていた。研究者は生徒に野球の試合について記述した話を読ませ，時折生徒の読書を止めて，野球場と選手のモデルを使って，話の中で起こっていることについてどれくらい理解したかを試す質問をした。この研究の面白いところは，野球をよく知っている生徒と，あまり知らない生徒がいたことである。（研究者は生徒全員に対して，野球の個々の動作，例えば選手がダブルプレーになるとどうなるかなどは理解できるのを確かめていた。）驚くべきことに，ここでは生徒の野球の知識が話の理解度を決定するという結果を得た。「優れた読み手」であるか「リーディング力の劣る読み手」であるかという点は，彼らの野球に関する知識ほど結果を決定する要素ではなかったのだ[38]。

　レヒトとレズリーの言葉を借りれば，「野球の知識を持つリーディング力のない読み手の方が，野球の知識のない優れた読み手よりもずっとできのよい要約をしたという結果は，知識が記憶に及ぼす強力な効果を示している」ということになる[39]。他の多くの実験もこの結果を支持している[40]。

　これらの例の多くがスポーツに関するものである理由は，物知りといわれる人でもスポーツに関する知識は持っていないことがあるからである。スポーツが好きではない人がスポーツに関する会話を聞くと，しばしば外国語を聞いているようだと言ったりする。生徒が様々な分野のトピックについて聞いたり読んだりする時には，まさにこのような状況にあるのだが，そのような状況は知識を持っている人にとっては想像するのも難しいのだ。ハーシュは，このような一般的知識は酸素のようなものだと言う[41]。それは致命的に重要であるのに，人はそれがない時にだけ気がついて，平素は存在するのが当たり前だと思われている。私の考えでは，教育レベルの高い人は，自分がどれだけ知識があるかについて過小評価しており，子供が持っている知識については逆に過大評価している。野球の例を使うのは，知識への隠れた依存を露呈させるためであり，知識を持っていないとはどういうことかを実感してもらうためである。知識がないと，すべてのことが奇妙で訳が分からないように感じるのだ。

　ここで私自身の経験からの例を1つ挙げてみよう。数年前，11年生の2つのグループにGCSEテストの過去問を受けさせた。彼らは学年トップの2グ

ループだったので，55名すべての生徒はC評価以上を取ると期待されており，実際最後には全員がC評価以上を取れた。このテストを受ける前から彼らは目指すレベルに近い内容を一貫して勉強してきた。過去問はアーサー・C・クラーク（Arthur C. Clarke）の短編からの抜粋で彼らが初めて読むもので[42]，そのストーリーは，氷と雪に埋もれた未来のロンドンに残された最後の人類である男についてである。彼には絶え間なく北から大きな音が聞こえる。もし誰かが救出に来るとしたら，南から来るであろうことを彼は知っているが，ともかく，せめてもの希望をつないでいた。話の落ちは，その音が氷河から来ていたことが判明することだ。

　授業の準備のためにこの短編を読んだ時，私には何が起こるか予測ができた。生徒は誰も氷河が何であるか知らないし，ストーリーの適切な理解は氷河の知識にかかっていたから高得点はとれないだろうと。予想は当たり，55人の生徒のうち1人として，氷河が何であるか十分に理解できた者はおらず，従ってストーリーが何についてであるかも十分に理解できなかった。何人かの生徒は氷河が氷と関係しているという漠然とした知識は持っていたが，多くの生徒は氷河とは，北から侵攻してくる部族か軍隊のようなものだと思っていた。彼らは静かに1時間かけてテストを受けることになっていた。両グループともこのような作業に真剣に取り組む行儀のよいクラスだったが，20分もするとその難しさにうめき声や唸り声や愚痴が聞こえてきた。生徒の中にはどの質問にも全く答えられない者もおり，彼らはこの話の中で何が起きているのか本当に分からなかったのである。これまで何か月もかけてあれだけ骨の折れるテスト方略やリーディング技術の指導をしてきたのに，何も役には立たなかった。彼らは氷河が何だか分からないため「その文の主旨を探す」ことができなかった。「注意深く再読」し，「分からない単語に下線を引く」ことも同様に効果的でなかった。生徒たちは決して能力が低いわけではなく，ただ決定的な一片の知識が欠けていただけだ。彼らの経験は珍しいものではなく，このテストに関する試験官の報告書は次のように述べている。

　　最近の環境問題への関心や，それを扱った映画やテレビ番組の人気を考えると，受験者の多くが氷河が何であるかを知らず，北方から侵略してくる部族のようなものだと確信しているような者もいたのは意外である[43]。

これはまた，影響力のある教育者が，知識学習は学校や教師の担当ではないとして，その責任をメディアに押し付けている一例でもある。
　どんな新聞の見出しを見ても，読者がどれだけ多くの知識を持っているかを想定して書かれていることが分かる。以下は，2011年12月5日付『ガーディアン』紙のオンライン版ニュース記事の最初の一節である。

　　ドイツとフランスは，ユーロ圏の負債を抑え，そして打撃を受けたその通貨に対する市場の信頼を回復するために，厳格な新しい統治体制についての互いの違いには目をつぶって，ユーロを救うと期待される重大な取引を行った[44]。

　この一文を読むのにどれだけの知識が必要か考察してみよう。第1に，ドイツとフランスの地理的，政治的理解が必要である。grand（壮大な）とbargain（取引契約）という単語の意味を個別に知っていてもgrand bargain（重大な取引）の意味は分からない。market confidence（市場の信頼）における（市場）とconfidence（信用）にも同じことが言える。Eurozone debt（ユーロ圏の負債）を理解するにも地理と経済と政治の知識が必要だ。ただこれらは単に見えやすい点に過ぎず，この一節を理解するには，現代ヨーロッパの政治，歴史，文化の一般的理解が助けになるのは明らかだ。同じことは一般紙のほとんどのニュース記事について言えることで，読者の側が多量の情報を持っていることを想定している。もし生徒にこのような記事を理解できるようになってほしいなら——さほど無理な目標ではないはずだが——そのような知識を教えなければならない。汎用的，あるいは一般的なリーディング方略を教えるだけでは到底足りないのだ。
　まとめると，私たちは，これらの神話の多くについて逆説に遭遇した。転移可能なスキルを教える目的は，生徒の持つ効果的な汎用スキルを伸ばすためである。しかし，ここでも，転移可能なスキルの支持者が使う方法は，生徒がそのようなスキルを伸ばさないことを保証しているようなものだ。なぜかというと，これらの方法はスキルの本質とそれが知識に依存しているという特性を体系的に誤って取り入れたものになっているからだ。次の神話6では，そのような教育方法をより詳しく検討し，なぜそれが成功しないのかを示す。

注

1) *Guardian*. Teaching in the 21st century (2003), www.guardian.co.uk/education/2003/jan/08/itforschools.schools (accessed 4 March 2013).
2) Claxton, G. *Building Learning Power: Helping Young People Become Better Learners*. Bristol: TLO, 2002; Office for Standards in Education, Children's Services and Skills. Geography: Learning to make a world of difference (2011), p. 34, www.ofsted.gov.uk/resources/geography-learning-make-world-of-difference (accessed 4 March 2013).
3) Claxton, G. Expanding the capacity to learn: A new end for education? (2006), p. 2, www.guyclaxton.com/documents/New/BERA%20Keynote%20Final.pdf (accessed 4 March 2013).
4) 同上.
5) Claxton, G. Learning to learn: A key goal in a 21st century curriculum (2013), p. 1, www.cumbria.ac.uk/Public/Education/Documents/Research/ESCalateDocuments/QCAArticlebyGuyClaxton.pdf (accessed 4 March 2013).
6) 同上.
7) 同上, p. 2.
8) Royal Society of Arts Action and Research Centre. Opening minds (2013), www.thersa.org/action-research-centre/education/practical-projects/opening-minds (accessed 4 March 2013).
9) Association of Teachers and Lecturers. Subject to change: New thinking on the curriculum (2007), p. 9, www.atl.org.uk/Images/Subject%20to%20change.pdf (accessed 3 March 2013).
10) National Teacher Research Panel: Engaging Teacher Expertise. Opening Minds: A competency-based curriculum for the twenty first century (2006), p. 3, www.ntrp.org.uk/sites/all/documents/HBSummary.pdf (accessed 4 March 2013).
11) 同上.
12) Boyle, H. Opening minds: A competency based curriculum at Campion School (2007), www.teachingexpertise.com/articles/opening-minds-a-competency-based-curriculum-at-campion-school-2512 (accessed 4 March 2013).
13) Chris Quigley Education Limited. Key skills in National Curriculum subjects (2011), www.chrisquigley.co.uk/products_keyskills.php (accessed 4 March 2013).
14) Office for Standards in Education, Children's Services and Skills. Good practice resource – Innovative curriculum design to raise attainment: Middlestone Moor Primary School (2012), p. 2, www.ofsted.gov.uk/resources/good-practice-resource-innovative-curriculum-design-raise-attainment-middlestone-moor-primary-school (accessed 7 March 2013).
15) Office for Standards in Education, Children's Services and Skills. Curriculum innovation in schools (2008), p. 8, www.ofsted.gov.uk/resources/curriculum-innovation-schools (accessed 4 March 2013).
16) 同上, pp. 9 and 10.
17) Gornall, S., Chambers, M. and Claxton, G. *Building Learning Power in Action*. Bristol: TLO Ltd, 2005, p. 24.
18) 同上.

19) 同上, p. 38.
20) Independent Thinking Ltd. Lessons in learning to learn（2013）, www.independent thinking.co.uk/Cool + Stuff/Articles/129.aspx（accessed 4 March 2013）.
21) Brown, A.L., Palincsar, A.S, University of Illinois at Urbana-Champaign, et al. *Reciprocal Teaching of Comprehension Strategies: A Natural History of One Program for Enhancing Learning*（*Technical Report No. 334*）. Cambridge, MA: Bolt Beranek and Newman Inc., 1985.
22) Office for Standards in Education, Children's Services and Skills. Moving English forward: Action to raise standards in English（2012）, p. 30, www.ofsted.gov.uk/resources/moving-english-forward（accessed 4 March 2013）.
23) Willingham, D.T. *Why Don't Students Like School?* San Francisco: Jossey-Bass, 2009, p. 29.
24) Simon, H. and Chase, W. Skill in chess. *American Scientist* 1973; 61: 394-403, p. 395; de Groot, A.D. *Thought and Choice in Chess*. The Hague: Mouton, 1978.
25) Simon, H. and Chase, W. Skill in chess. *American Scientist* 1973; 61: 394-403, p. 395.
26) Hirsch, E.D. *Cultural Literacy: What Every American Needs to Know*. Boston: Houghton Mifflin, 1987, p. 61.
27) Simon, H.A. and Gilmartin, K. A simulation of memory for chess positions. *Cognitive Psychology* 1973; 5: 29-46.
28) Hirsch, E.D. The 21st century skills movement. Common Core News（2009）, http://commoncore.org/pressrelease-04.php（accessed 4 March 2013）.
29) Larkin, J., McDermott, J., Simon, D.P. and Simon, H.A. Expert and novice performance in solving physics problems. *Science*, 1980; 208（4450）, 1335-1342, p. 1335.
30) 同上.
31) 同上, p. 1342.
32) Simon, H. and Chase, W. Skill in chess. *American Scientist* 1973; 61: 394-403, p. 403.
33) Anderson, J.R. ACT: A simple theory of complex cognition. *American Psychologist* 1996; 51: 355-365.
34) ブレイン・ジムの概要については以下を参照。Goldacre, B. *Bad Science*. London: Fourth Estate, 2008, pp. 13-20. 学習スタイルの概要については以下を参照。Willingham, D.T. *Why Don't Students Like School?* San Francisco: Jossey-Bass, 2009, pp. 147-168. ブレイン・ジムについてさらに詳細を知りたい場合は以下を参照。Hyatt, K.J. Brain Gym® - Building stronger brains or wishful thinking? *Remedial and Special Education* 2007; 28: 117-124. 学習スタイルについてさらに詳細を知りたい場合は以下を参照。Coffield, F. Learning and Skills Research Centre（Great Britain）, et al. *Should we be Using Learning Styles? What Research has to say to Practice*. London: Learning and Skills Research Centre, 2004; Sharp, J.G., Bowker, R. and Byrne, J. VAK or VAK-uous? Towards the trivialisation of learning and the death of scholarship. *Research Papers in Education* 2008; 23: 293-314; Kratzig, G.P. and Arbuthnott, K.D. Perceptual learning style and learning proficiency: A test of the hypothesis. *Journal of Educational Psychology* 2006; 98: 238-246.
35) Hirsch, E.D. *The Knowledge Deficit*. Boston: Houghton Mifflin, 2006, p. 68.
36) 同上.

37) Recht, D.R. and Leslie, L. Effect of prior knowledge on good and poor readers' memory of text. *Journal of Educational Psychology* 1988; 80: 16-20.
38) Willingham, D.T. *Why Don't Students Like School?* San Francisco: Jossey-Bass, 2009, p. 35.
39) Recht, D.R. and Leslie, L. Effect of prior knowledge on good and poor readers' memory of text. *Journal of Educational Psychology* 1988; 80: 16-20, p. 19.
40) 例えば以下を参照せよ。Pearson, P.D. The effect of background knowledge on young children's comprehension of explicit and implicit information. *Journal of Reading Behavior* 1979; 11: 201-209; Taft, M.L. and Leslie, L. The effects of prior knowledge and oral reading accuracy on miscues and comprehension. *Journal of Reading Behavior* 1985; 17: 163-179; Taylor, B.M. Good and poor readers' recall of familiar and unfamiliar text. *Journal of Reading Behavior* 1979; 11: 375-380; McNamara, D. and Kintsch, W. Learning from texts: Effect of prior knowledge and text coherence. *Discourse Processes* 1996; 22: 247-288; Caillies, S., Denhière, G. and Kintsch, W. The effect of prior knowledge on understanding from text: Evidence from primed recognition. *European Journal of Cognitive Psychology* 2002; 14: 267-286.
41) Hirsch, E.D. *Cultural Literacy: What Every American Needs to Know*. Boston: Houghton Mifflin, 1987, p. 19.
42) Welsh Joint Education Committee (CBAC). GCSE, 150/05, English Higher Tier Paper 1, A.M. Tuesday, 6 June 2006 (2006). この試験結果はオンラインではもはや見ることができないが、試験審査官の報告書は以下のサイト [注43] で見ることができる。試験に使われたのは、Arthur C. Clarke の短編小説 "The Forgotten Enemy" からの引用で *Reach for Tomorrow*. New York: Ballantine Books, 1956 の中に収められている作品である。
43) Welsh Joint Education Committee (CBAC). GCSE Examiners' Report Summer 2006: English & English Literature (2006), p. 19, www.wjec.co.uk/uploads/publications/g-xr-english-s-06.pdf (accessed 4 March 2013).
44) *Guardian*. Eurozone crisis: Germany and France agree rescue package (2011), www.guardian.co.uk/business/2011/dec/05/germany-france-euro-merkel-sarkozy (accessed 4 March 2013).

神話6

プロジェクトとアクティビティーが学びの最良の方法である

人々がこれを信じ，それが教育政策と教室での実践に影響を与えたという証拠はどこにあるのか。

この神話を支えている理論

　神話2では，多くの理論家や教育者が教師主導の教え方をいかに嫌っているかを見た。この神話6では，その代わりとして彼らが支持している主な方法論と，なぜそれらが成功していないのかを詳しく検討する。

　教師主導の教え方を拒絶する理論家は，プロジェクトとアクティビティーに頼る傾向がある。アクティビティーの目的は，機械的な学校ベースの体系を通じて学ばせるのではなく，現実世界の問題を再現することにある。現実世界の問題は，「数学」や「英語」と書かれた箱にきれいにまとめられて提示されるわけではなく，その解決には異なる領域の知識やスキルを使う必要がある。よって，科目ベースの教え方は，生徒が現実世界の問題を解決する機会を奪っているというのだ。科目はサイロ（貯蔵庫）のような隔離空間となり，生徒は世界を総合的に理解できなくなる。スティーブ・ウィーラー（Steve Wheeler）は次のように述べている。

　　我々は，時代とともに前進しなければならないのだが，多くの学校はいまだ悲惨なくらい今日の社会のニーズから遅れている。どうして科目をサイロに入れて区分けするのか。すべての科目に重複や共通点があり，子供たちが世界の全容を明確に把握するためにはその重なりを理解する必要が

あることを，我々はいつ理解し始めるのか。総合的教育の形式をとらなければ，誰も科学と数学を関連づけたりできず，芸術あるいは音楽がいかに歴史に影響を与えてきたかということも分からないだろう[1]）。

科目別に内容を教えられた生徒は，現実の問題に対処するために必要な自主性を発達させることができない。大学の教授たちは，多くの学生が自ら学ぶことに慣れていないと頻繁に警告する。学校での知識をスプーンで食べさせてもらうような過保護な教育に慣れてしまっているので，大学に来ても自立して学ぶことができないというのだ。

「高等教育機関でいかに学ぶか」と題されたオーベンス博士（Dr. Ovens）の研究は，先週ノッティンガム・トレント大学での学会において議論されたのだが，自立した学習という概念自体を理解できない学生の数が増えつつあることを示すものであった。

それは学生がそれまでの学校教育を通じて教師の指導に従って学んできたからであり，オーベンス博士によると，教師たちが「目標達成とOfstedの要求を満たす」ことばかり考えているためにそうなったということだ。

彼の研究結果では，学部1年生の3人に1人は自立した学習に困難を感じている。「学生はいまだに教師主導で訓練を受けたいと思っているため，我々が望むように自分の学習がコントロールできていない」と博士は言う。

オーベンス博士はさらに，現在の学生たちの世代は「かつてないほど」達成度を測られてきており，自立した学習ができない学生の問題は，イギリスに限ったことではないとも論じる。彼によると，「世界中の大学教師たちと話をすると，皆似た問題を抱えており，この問題は年々悪化しているという点で意見が一致する」という。

現在進行中のイギリスの改革は学生の経験に焦点を当てているが，これは即物的な対応で，学生たちをもっとひどい過保護の状態に置く可能性があると博士は言う。

彼は，大学教師は学生を自立した研究者として扱うことによって，この問題に対応しなくてはならないとして，「学生の自主性は我々が育成すべき最も大きな価値を持つ資質である。教師は学生を，知識を詰め込む空の

容器として見てはならない」と主張している[2]。

よって，多くの教育者たちの目的は，現実世界で起きる問題を使って生徒にその解決を練習させることになる。王立技芸協会（RSA）のオープニング・マインズ・カリキュラムはその目的を以下のように述べている。

　能力に基づくアプローチは，生徒が科目の知識を獲得するだけでなく，より広い学習を生活の環境の中で，理解し，使用し，応用できることを可能にする。また，そうすることでより総合的で一貫性のある学習ができ，その結果，異なる科目間の関連性を理解したり，知識の応用ができるようになる[3]。

　つまり目的は，生徒が責任ある大人，活発な市民，探究心を生涯持ち続ける学習者，そして能力ある熟練労働者に確実になれるような教育アプローチを開発することであった[4]。

結局，この議論に従うと，科学のクラスから得るべき大切なことは，科学的事実ではなく，科学者のように考える能力ということになる。同様に，歴史から学ぶべき大切なことは年表ではなく，歴史家のように考える能力というわけである。教育専門家アン・デ・エチェバリア（Anne de A'Echevarria）は以下のように言う。

　生徒は特定の学問領域でいかに知識が形成され，どのように変化するのか，さらに自分たちがそのような知識の形成，変化，使用において，どんな役割を担うかを理解することが十分にできるようにならなければならない。
　探究的教授法は，特定の領域がそういう知識と理解をいかに作り出すかを生徒が自分で発見するようにデザインされなくてはならない――生徒が歴史家，数学者，科学者，芸術家のように考えるように導くということである。科学的内容は科学的考え方を体現したものであり，歴史的内容は歴史的考え方の，そして芸術作品は創造的思考の結果である。もし主たる指導法が他人の考え，他人の質問，他人の探究から生じた結果を自分のもの

にすることを要求するようなものだと,生徒たちは能力を伸ばせなくなってしまう[5]。

つまり,理論としては,生徒に実世界に向けた準備をさせるため,教室にもっと実世界の問題を導入すべきであるということになる。生徒に歴史家や科学者のように考えさせるためには,歴史家や科学者の思考プロセスを含むような作業を授業に導入しなくてはならないのである。

教育現場における実践

この理論は,時には科目の壁を取りはらい,カリキュラム全体を実世界の問題と統合して教えることにつながる。また時には,科目を構成上の体系として残しながら,その中で行うプロジェクトを増やすこともある。また,生徒により大きな自主性を与え,教師の指導の量を減らすこともあり,その事例は神話2で述べた。

この考えにより,RSAのオープニング・マインズのカリキュラムでは,「子供たちは自分のすることを計画し,時間を設定し,自分なりの学習の仕方を工夫する」[6]。Ofstedは特にこのアプローチに熱心であり,まだ幼い生徒が大きな自律性と自主性を与えられている多くの授業を称賛している。

　　川に関する一連の授業では,4年生の生徒に,自分たちの学習に対してかなりの裁量が与えられていた。教師の指導に従って,重要な質問を見つけ,その答をどう発見し記録するかについて自ら決定していた。また,子供たちは時間をどう使うのが最も効果的か決めるように促されていた。第1週目は,皆で同じ質問に取り組むことにしたが,2週目には,グループごとに別の問題に取り組む方式に変更した。そしてこの2つの方法を比べ,皆が1つの問題に取り組む方が効率的であるという結論に至った。教師の記録によると,この授業方法は,学習のプロセスにいかに取り組むべきかについて,非常に成熟した思考を生徒から引き出すことができた[7]。

次の宗教(RE)の授業も4年生が対象である。

4年生の生徒たちは「私たちは何を信じるか」というトピックに関して，自ら考えた重要な質問を土台にして，信じることの重要な側面について自ら探究を深めた[8]。

Ofstedはさらに，生徒に教師や評価者の立場に立つことも促す。ある科目別報告書では，以下の授業を特に優れているとするコメントを付けて称賛しているが，そこでは，生徒が互いの作業を評価している。

　以下に示すのは，同級生の地理の練習帳に書かれた評価の優秀な例である。[生徒の使った言い回し，スペル，句読点はそのままにしてある。]
　「トム君は幅広い事実を説明といっしょに示したと思う，でもなぜそれが起こったのかをもっと言う必要があったね。文章はジャーナリストらしさがないね。覚えていると思うけど課題は新聞記事だからね。スペルを直してそしていくつか単語を繰り返しているのでもっといろんな語彙を使ってください。評価は5/6aです。火山の写真があったらもっとよかった。」
　　　　　　　　　　　　　　　　　　　　　　Eという生徒のサイン[9]。

Ofstedの最近の英語教育リソースには「もっと現実的な英語を」というタイトルが付けられていて，より現実的な授業を推進する動機として，ある教師が次のように語ったと紹介している。

　英語科は，「熟練学習者」の育成を目指している。我々は，生徒が自分で決定し，それに基づいて行動することに自信を持てるような学習環境作りに専心している。主たる焦点は教えることより学ぶことで，生徒は教師をパートナーととらえ，自分に合った学習ストラテジーについて質問したり考えたりする[10]。

この報告書で奨励されているのは，職場で遭遇するかもしれない現実世界の問題を扱うことである。

　7年生の「英語学科の改善」という課では，生徒は学科を改善するために配分された予算をどう使うのが最善かについて考える機会を与えられ

る。この作業の一環として，生徒は，学科内で現在教師に与えられている資金やリソースについて調査や監査をし，教師と生徒がそれぞれどのような改善を望んでいるかについてのアンケートを行う。作業に含まれるのは，可能なオプションを絞ったり，カリキュラム横断的な提案の可能性を探ったり，選ばれたプロジェクトについてコスト計算や技術的アドバイスをする準備をしたりするために生徒同士でミーティングを重ねることである。生徒はグループごとにクラス全員に自分たちの提案を発表する[11]。

もう1つの報告書でも，同様に，他の人に提案をしたり，電子メールを送ることなどを通じて学校の改善を考えるというような現実的なアクティビティーを奨励している。

　生徒たちは，授業で学校図書館をもっとエコフレンドリーにするよう求められた。これは非常に効果的な導入で，生徒は熱心に協力しようとした。そこで次の週の作業は，情報伝達技術（ICT）を駆使した説得力のある表現とプレゼンテーションによって自分たちの提案をクラス全員に訴えることであると説明された。生徒はペアになって，図書館を「緑化」するアイディアを1つ提案しなければならず，その後，違う環境問題を考察する4つの研究グループの1つに配属された。生徒は専門家として振る舞い，他のグループに移動して自分たちのグループの提案を説明した。生徒はベテランの教師に自分たちの最初の提案の概略を電子メールで送信することになっているので，この授業は電子メールの言語的特徴について議論することで終わった[12]。

これまでに紹介した英語の授業例ではほとんど文学を扱っていない。しかし，文学を教える場合でもOfstedは似たようなアプローチを推奨している。

　これらの新しい授業に加えて，伝統的なトピック，例えばシェイクスピアのような古典の学習もあるが，その場合でもアプローチは似ている。例えば，『マクベス』を扱う時は，生徒が演じる劇のシーンを選び，衣装を作り，小道具を用意し，最後に演技のビデオを撮り，クラスの他の生徒たちにそれを見せる[13]。

教師・講師協会（ATL）は，現実世界の問題に焦点を当て，生徒を専門家に育てようとする，ある小学校のアプローチを次のように称賛する。

　　ビーリングズ小学校では，熱心な校長がカリキュラムを刷新してREAL（Realistic Experience for Active Learning，アクティブ・ラーニングのための現実的な経験）を取り入れた。ロールプレイ練習をふんだんに行ったので，生徒はより現実的なスキルを延ばすことができる。すべてのナショナル・カリキュラム（NC）の内容がこの方法で教えられ，生徒がある会社の専門家として働くという架空のシナリオに沿って学習に取り組むことにより，カリキュラムが生きたものとなる。
　　教師は，子供たちに興味ややる気があると思われる限りプロジェクトを続け，子供たちはチームワーク，コミュニケーション，自立学習，問題解決のスキルを身に着けることができる。ビーリングズ小学校は子供たちが「専門家」になることで，学習動機が高まるだけでなく，学習の仕方が劇的に変わると信じている。職員たちは学習がNCに適合するよう確認はするが，学校は独自の方法で教える自由があると思っている。子供たちはこのような学習を楽しんでおり，年齢以上の自信を持って，より高い現実把握力を身につけている[14]。

　理論のセクションでは教育家アン・デ・エチェバリアが，生徒に科学者のように考えさせることを教師に勧めていることを紹介した。図6.1は，生徒にデザイナーのように考えさせる実践的アクティビティーの結果を示したものである[15]。
　つまり，ここでの目的は，生徒に現実的な動機付けを与え，教室の外で直面する問題を上手に解決する助けになるように複雑な現実世界の作業を与えることである。彼らが自主的に作業ができるようにするのが目的であるから，生徒たちにはほとんど指導をしない。
　その他のタイプのプロジェクトには科目の内容に関連付けられた実践的なアクティビティーもある。英語の授業では，生徒は「『ロメオとジュリエット』の学習の一部として人形劇のパペットを作ってそれを操るといった実践的な作業」に取り組む[16]。同様に，歴史の授業では「大英帝国に関する学習で，生徒は帝国の飾り皿をデザインした」[17]。

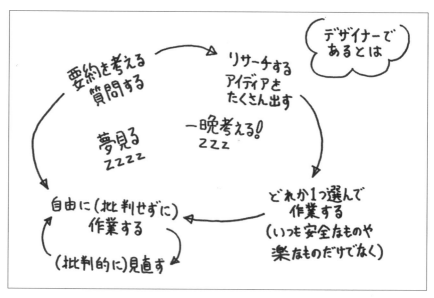

図6.1 デザイナーのように考えるアクティビティー。ブレーンストーミングの結果。

以下の地理の授業では、生徒はドラマ仕立てのアクティビティーを行う。

　生徒はペアになり、ニュース報道を再現する活動の導入部分で、アナウンサーを演じるロールプレイをする。パワーポイントの図を背景に使って紛争の最新情報をクラス全員に伝える。教師は専門家として「コメンテーター席」に座って問題の理解を深めたり、不明点を明らかにする。生徒たちはハマスとファタハの違いについて、また紛争におけるアラブ人とイスラエル人の間の緊張関係を非常によく理解していた。教師による「専門家のコメンテーター」の例を見た後、原稿を用意した3人の生徒が「コメンテーター席」に座り、他の生徒はグループごとに3人に質問した――「これはアラブの/イスラエルの子供ですか」「彼らが関心のあること、心配なことは何ですか」など。この活動のおかげで、生徒は紛争について新たな見方ができるようになり、話し、聞き、質問するスキルを使うこともできた。今その紛争地に生きている子供たちの目を通して紛争を説明できるようになったのである[18]。

あなたの選択についての説明

あなたが選んだ色の説明をしてください：

> 私がデザインのために選んだ金属はオール（金，寛大を表す）です。
> 私の選んだ色はパーピュア（紫，公正を表す），アズール（青，忠誠を表す），そしてギュールズ（赤，強さを表す）です。
>
> 私は自分が寛大だと思います。なぜならかつて……
>
> 私は自分が公正だと思います。なぜなら……
>
> 私は自分に忠誠心があると思います。なぜなら……
>
> 私は自分が強いと思います。なぜなら……

|提出ボタン|
あなたの盾の色合いは：

オール	パーピュア	アズール	ギュールズ
（金、寛大を表す）	（紫，公正を表す）	（青，忠誠を表す）	（赤，強さを表す）

図 6.2　自分の鎧の紋章をデザインするアクティビティーのスクリーンショット

　人気の高い教育リソースに ActiveHistory（www.activehistory.co.uk）というウェブサイトがある。英国をはじめ，世界中の多くの学校が利用しており，絶賛の声が寄せられている[19]。その名前からどのようなタイプのリソースが含まれているかが分かるが，すべてが歴史のアクティブ・ラーニングを推進するように考案されているので，ほとんどのコンテンツが生徒に何らかのアクティビティーかプロジェクトをさせるように作られている。サイトには何百もの活動が含まれ，最も人気のあるものに，「自分だけの紋章をデザインしよう」という活動がある[20]。ここで生徒は，自分の紋章に使う形と色を選ばなくてはならない。図6.2はこのアクティビティーのスクリーンショットである。

　もう1つの人気があるアクティビティーは，黒死病シミュレーションである。これは単に能動的な活動であるだけでなく，相互交渉を含む。生徒は中世の村に住んでいて，黒死病という疫病が襲来した結果を目撃したつもりになる[21]。左上の隅に生徒の知識量と情報を使うスキルの点数が示されている。

事実に関する知識：64%　　　　**黒死病！**　　　　ゲーム終了
資料を使う力：51%

黒死病の症状

粉屋があなたのホテルにやって来て、自分が黒死病にかかったのではないかと恐れている。どんな症状なのか聞くと、彼は答えた。

「鼻が詰まっています。」

この人は黒死病にかかっていると思いますか？

● 多分かかっている
● 多分かかっていない

提出ボタン

図6.3　黒死病シミュレーションの質問

事実の知識量は図6.3にあるような質問に答えられるかによって測る。つまりここでもまた生徒が学ぶ知識は共同構成されたもので、教師によって彼らに押し付けられたものではないことが分かる。このコンピュータによる再現活動を通じて相互交渉をしながら、生徒は、鼻づまりは黒死病の症状ではないという結論に至るのである。

このようなプロジェクトやアクティビティーがなぜ学校で人気があるかは容易に分かる。これらは生徒にやる気や動機を与え、自主的に学習させるような刺激的な現実世界の問題を提供するからである。

なぜこの神話が誤りなのか

まず第1に、生徒が専門家のように、あるいは科学者や歴史家のように思考することができるような指導をしなければならないとする考え方を取り上げよう。専門家と初学者の違いは何かというと、専門家は膨大な背景知識と思考プロセスを長期記憶に保存しており、そしてそれらの知識やプロセスを莫大な時

間をかけて実際に使ってきた人たちである。多くの分野で専門家になるためには何年も，何千時間もかかる[22]。彼らの知識とその実践は彼らの考え方に量的のみならず，質的な違いをもたらし，彼らが問題にアプローチし解決する方法は初学者とは根本的に異なる。ダン・ウィリンガム（Dan Willingham）は，「訓練の初期における認知作用と後期におけるそれは，根本的に異なる」という[23]。そのギャップを埋めるような近道の戦略や戦術などどこにもない。

これまでに見てきた実践例では，この世に10年も生きていない，ましてやある分野の研究をそれだけ長くしてきたわけでもない子供たちを専門家に仕立てようとしている。もし専門家に「私たちは何を信じるか」という探求的質問をしたら，彼らの回答はさまざまな信条とその役割についての広い知識に裏打ちされたものになるだろう。4年生の生徒は8歳か9歳であり，どんなに利発で聡明で物知りでも，9歳ではとうていそのような知識を持ってはいない。小学生に専門家のように考えるよう期待するのは非現実的であるだけでなく，卒業時でさえそれを期待するのには無理がある。それは，初等・中等学校で行う一般教育の妥当な目的とは言えないだけでなく，専門家が問題解決に使うような方略は，初学者の問題解決には使えない。専門家が使う効果的な戦略には，問題を解決する時に自らに語りかけるというものがあるが，それは彼らがすでに十分な背景知識や思考プロセスを持っているからこそ有効なのである[24]。問題解決をする時，自らに語りかけなさいと生徒たちに勧めても，彼らを専門家にすることはできない。神話2で見たように，生徒を無理に自立させるのは，彼らを自立した学習者にする最良の方法ではない。同様に，専門家を真似ても専門家になれるわけではない。「専門職を実際に遂行することは専門職の遂行方法を学ぶこととは違う」[25]。

要するに，専門家のすることを真似しても専門家にはなれないということである。面白い類似の話は，理論物理学者のリチャード・ファインマン（Richard Feynman）による有名なカーゴ・カルト（積み荷信仰）の記述に見られる。

　　南洋の島の住民には積み荷信仰のようなものがある。戦時中に軍用機が，たくさんの良質の物資を運んでくるのを見てきた住民たちは，今でもまだそういうことが起こってほしいと考えている。そこで滑走路らしきものを造り，その両側に火を灯したり，木の小屋を作って，アンテナを模した竹の棒を突き出し，ヘッドホンのような形の2つの木片を頭につけた男

神話6　プロジェクトとアクティビティーが学びの最良の方法である

（管制官のつもり）を座らせたりして，飛行機が来るのを待っている。形の上では何もかもがちゃんと整い，昔通りの姿が再現されたかのように見えるけれども，その効果は全くなく，飛行機はいつまで待ってもやって来ないのである[26]。

　この問題の根本にあるのは，因果関係と相関関係の混同である。島の住民たちは耳あてをし，空に向かって合図をすることと積み荷が配送されることに相関関係があることは理解した。その2つの事柄に関連があることは分かったのだが，そこから前者が後者の唯一の原因であるという想定に飛躍してしまった。彼らが見なかった——見ることができなかったのは，積み荷の配送に関連する他のすべての要因と出来事であった。ヘッドホンをして空に向かって合図をしていた兵士たちは，島の人たちにはほとんど見えていなかった高度に複雑なプロセスの中のほんの一部分であった。もちろん，目に見える一部のプロセスは大事だが，それは全プロセスのほんの一部に過ぎない。目に見える部分を真似することで島の住人たちは全体を再現できると思ったわけである。

　生徒に専門家レベルの成果を求めようとするのは，これと同じ間違いであると私には思える。私たちは専門家がすることを見て生徒にそれを真似させる。この神話6の前半で紹介した，生徒によいデザイナーになることを目指そうとさせる「デザイナーのように考える」というアクティビティーを思い出してほしい（図6.1）。このアクティビティーには，専門のデザイナーが成功するために必要な目に見えない知識やプロセスが示されていない。もちろん最高のデザイナーも夢見るだろうし，下手なデザイナーも，デザインなど全くできない人もデザインすることを夢見るだろう。では，専門のデザイナーと初心者のデザイナーの夢を隔てるものは何か。それは夢を利益に結び付けることができるデザイナーに特化した知識とスキルである——デザイナーのタイプが異なれば彼らの知識とスキルの種類は異なるけれども。

　生徒に専門家と同じ実力を期待することは現実的ではないものの，もっと単純な現実世界の問題，例えば部屋をエコフレンドリーにするとか，最適な学習法を考えて自分のアクティビティーにそれに合わせた変更を加えられるようになることを期待するのは明らかに非現実的ではない。現実世界の問題を解決するのに必ずしも専門家である必要はなく，特に専門家ではないが様々な領域で問題解決能力のある大人が存在することを私たちは知っている。だからこの通

念の核心にある真実とは，私たちが生徒に問題解決ができるような力をつけさせ，自立してそれができるようにすることなのである。それなら妥当で達成可能な目的である。現実世界の問題は教科カテゴリー毎にきれいに箱詰めにされてやってくるわけではないのも事実ではあるが，そのような現実の問題解決は教育の最終目的であるべきで，それを唯一の指導方法とするべきではない。

現実世界の問題を解決するために専門家である必要はないが，知識と実践は必要である。図書館を緑化するプロジェクトを例にとってみよう。これは実際に仕事の一部として依頼される可能性のある現実的なプロジェクトである。教育のある成人従業員なら記憶に保持している一定の知識とプロセスがあるので，このような問題にうまく取り組むことができる。なぜなら，彼らはデザインの売り込み方を知っており，情報伝達技術を効果的に使うことができ，環境に関する知識を持ち，そして，リサーチの仕方や文字のつづり方や電子メールの書き方，そして文章の書き方を知っているからである。彼らはこのようなことすべてをよく知っているので，プロジェクトで問題解決をする時，それらの知識を簡単に活用できるのだ。生徒にはそのような知識がないので，プロジェクトをうまく進めることができない。遭遇する新しい情報の量で，作業記憶があふれてしまうのだ。

ここでもう1つ気がつくのは，プロジェクトを教えるプロセスに非常に不公平な要素が潜んでいることだ。プロジェクトを行うには背景知識が必要だが，それについては何も教えていないため，それでも何とかついて行ける生徒は背景知識をどこか別のところで得てきている。これまで見てきたように，図書館の緑化や『マクベス』の授業では，知識の伝授はほとんどなされていなかった。環境や『マクベス』についての知識は，そのほとんどすべてが，生徒が他で学んだかあるいは授業中に自ら発見したものであった。つまり，環境や『マクベス』について家で学んだ生徒の方が，学ばなかった生徒よりプロジェクトで良い成績を上げたであろうことは明らかだ。典型的には，そういう生徒たちは裕福な家庭で育った恵まれた子たちであろうが，彼らにとってもこの教え方は理想的とは言えない——彼らも家と学校の両方で事実を学べばもっと良い結果を残しただろう。それでもプロジェクトにおいて，彼らが恵まれない友達より秀でているのは，恵まれない子たちは問題解決のための背景知識を持たず，知識の欠如を補う別の方法にも手が届かないからである。

イングランドでは，これが生徒に試験準備をさせる際の問題の1つなのだ。

確かにイングランドの生徒は試験攻めにあっており，そのため事実を学ぶことが過度の負担になっていると決めつけられることが多い。ジャーナリストのフラン・エイブラムズ（Fran Abrams）は，イングランドのカリキュラムを取り上げた最近の BBC ラジオ番組で何度もその見方を繰り返した。彼女によれば，「イングランドの学校はかつてないほど試験志向になっており，知識がますます重視されてきている」という[27]。しかし，この見方は間違っている。子供たちが試験攻めにあっているからといって，知識の獲得が過度の負担になっているとは必ずしも言えない。イングランドの卒業テストがグラッドグラインドの言うような事実の羅列ばかりの功利主義的なものと決めつけるのは間違いである。ほとんどのテストや授業は，これまで見てきたようにかなり現実的な問題を解決する類のものである。例えば，GCSE の英語テストにはいくつかバリエーションがあるが，その多くは，生徒に本物の新聞記事を読ませ，リーディング力を測る質問に答えさせた後で，さらに現実世界のニーズに合わせて電子メールや記事，あるいはスピーチ原稿を書かせるものである。そしてもちろん，試験は全く1人で自立的に行う作業であり，最小限の指導も許されない。私は別にそのことを問題にしているのではない――結局のところ，この本の冒頭で賛同したように，教育課程の最後には生徒が現実世界の問題を自立的に解決できる能力を担保しなければならない。私がここで取り上げている試験は教育課程の最後にたどり着くものなので，生徒に現実世界の問題を自立的に解決させるような出題は，当然適切である。

しかしながら，最後の試験でチェックするような内容を早期のカリキュラムに取り込む学校がどんどん増え，多くの場合，試験に出る事柄がカリキュラムを決定するようになってしまった[28]。しかし，責められるべきは学校だけではない。学校には試験結果で達成を示すプレッシャーがかかっており，先に述べたように，以前は NC で行われていた内容に関する指導は，もう得られなくなった。NC にもし意義があるとしたら，それは，最終の現実世界を想定した試験に合格するためにどんなタイプの知識が必要かを規定し，その知識を最も効果的に配列するというような，時間のかかる実践的な手立てを考えてくれたことである。今はカリキュラムがこのような教師の重荷を減らす手助けをしてくれない上に，旧式の教育は学習の敵であると考えるような強力な査察機関が存在するため，学校が過去問をカリキュラムの中で使い始めたのは無理もないのだ。この事実上の結果は，プロジェクト型教育の事実上の結果と同様であ

る。生徒は授業のほとんどの時間をかけて，試験や授業の課題にどう答えればいいか話し合い，そして実際に試験と授業の課題に答える。そのような課題を解決するために必要な隠れた知識の総体を，教師の指導によって築くための十分な時間はない。だから，学生は自主的思考ができないまま大学に入学してくるわけであり，直観とは逆行するが，そこにある真実は，学生があたかももともと自主性を持っているかのように教えられて来たが故に，逆に自主的に考えられなくなってしまったのである。

　プロジェクトが早期に導入された場合も，よく似たことが起こる。前にも述べたように，図書館の緑化についての現実的なプロジェクトは，本物の労働者が行う本格的なものである。このため，ほとんどの生徒にとっては不適切であり，実際に，混乱と挫折と意欲喪失を引き起こす。だから実践において教師たちは，こういうプロジェクトの性質を変えて達成可能なものにしていると私は思う。1つの方法は，それをあまりプロジェクトらしくないものにすること，つまり，もっと生徒に指針を与えたり，指導を行ったりするということであり，私もそうしてみたことがある。例えば，最後に何らかの長い作文を書かせるプロジェクトの場合，パラグラフ毎に何を書いたらいいかを説明した補助プリントを配った。これでプロジェクトはあまりプロジェクトらしくなくなったが，達成可能なものとなった。しかし，それは効果的な方略ではなかった。よいレポートを書くために必要な構成要素を1つずつ示しながらそれを教えるのではなく，私は先に生徒にレポートを書くという課題を与え，それをこなすためにいくつかの答を先に示したり，ヒントを与えただけだった。それは，生徒に音階や楽譜について教えることなく，単にある曲をピアノで弾けるようになるための小手先の指導やヒントを与えたようなものだ。その補助プリントは私が作ったものではなく，似たようなものは人気のあるオンラインの英語教育ライブラリー Teachit（www.teachit.co.uk）でいくらでも見つけることができる[29]。

　もう1つの方法は，長い作文のような現実世界に焦点を当てた作業ではなく，プロジェクトを変更して平易な他の作業に焦点を当てることである。これもまた，プロジェクトの持つ現実性という側面での妥協であり，それほど効果的ではない。この方法も私は試してみた。それはサッカーの歴史に関するプロジェクトをさせた時のことであるが，生徒たちはサッカーに興味を持っているので，これはいいプロジェクトだと私は単純に思ってしまった。しかしそれが

価値のあるものになるためには，生徒はイギリスの歴史と地理についてある程度知っていなくてはならなかったのだが，彼らにそういう知識はなかった。一方私は，産業革命や北部の工場地域の町について時間をかけて説明したくなかった。もしそうしたらプロジェクト学習ではなくなり，私が話をし過ぎることは好ましくない教え方とされることが分かっていたからである。

　私はこのプロジェクトの開始前には，19世紀のサッカー選手はどんな人たちだったと思うかについて創造的な作文をさせ，できれば選手のプロ化についての賛否を述べる文章も書かせようと思っていた。しかし，これは彼らに知識がほとんどなく，私が教えることも許されていないため，不可能に思われた。結局，このプロジェクトの成果は，生徒たちがデザインしたサッカークラブの紋章と，その意味を解説した作文だけであった。これが私の教え方の更なる悪い例だと思われないように，OfstedとActiveHistoryが推奨しているアクティビティーの例を見てみよう。Ofstedは生徒が大英帝国の飾り皿のデザインをする歴史の授業や，操り人形を作る英語の授業を称賛している。ActiveHistoryの方は私の授業と非常に似たアクティビティー——生徒が自分の紋章を作るものを推奨している。

　このようなアクティビティーは生徒に見当違いなことを考えさせるという点で，特に無駄である。これまで見てきたように，事実を長期記憶に残すことは重要であり，その重要性ゆえに，カーシュナーと共同研究者たちは「すべての指導の目的は，長期記憶を書き換えることだ」とまで言っているのである[30]。それならば，私たちが教えたい内容を生徒ができるだけたくさん覚えることは非常に大切である。幸いなことに，覚えるのに一番有効なのは考えることである。脳は，多くの思考を伴うことは重要に違いないと判断し，それを長期記憶に残すのだ。ダン・ウィリンガムの言うように，「記憶は思考の残余である」という点には納得がいくし，なかなか鋭い洞察を含む指摘である[31]。つまり，私たちが生徒に学んでほしいことを授業時間をたっぷりかけて考えさせれば，彼らがその情報を長期記憶に残しやすくなるのだ。

　だからこそ私たちは，生徒が授業目的に合う事柄を考えるように授業やアクティビティーをしっかりと計画しなければならない。これと反対の例をダン・ウィリンガムが挙げている。奴隷解放を助けた地下組織についての歴史の授業で，ある教師は奴隷が逃亡する時に食べたからという理由で生徒にクッキーを焼かせた[32]。この授業のほとんどの時間は，レシピに従って材料を計ったり，

オーブンに点火したりといったクッキーを焼く手順を考えることに使われるであろう。よって，授業では地下組織について考えることはほとんどなく，この方法では学習効果はない。長期記憶の重要性について，ウィリンガムは「認知心理学が教師に提供できる最も一般的で有用な知見は，個々の授業計画を生徒が何について考えるだろうかという観点から見直すことだ」とまで言っている[33]。

　残念なことに，これまで紹介してきたアクティビティーの多くはこの点からの検証に耐えない。私の教えたサッカーの歴史の授業では，ほとんどの生徒たちは歴史についても地理についても，サッカーのことさえ考えていなかった。彼らは時間の大半をどんな形の紋章を描くか，どんな色付けをするかについて考えることに使っていた。操り人形を使う『ロメオとジュリエット』の授業についても，生徒たちは操り人形の作成技術について考えることに時間を費やす。彩色や操り人形の製作技術が重要でないと言っているのではないが，問題はこれが『ロメオとジュリエット』について学ぶはずの英語の授業であるということだ。もし授業の目的が操り人形を作ることなら，よい授業であったことだろう。

　これらのアクティビティーは，教育の根本的な目的にそぐわないだけでなく，あまりに時間がかかるため，その「機会コスト」（違う用途に使ったために機会の損失となること）が大きすぎるのだ。9年生の歴史の時間は週に1，2回しかないので，週に2時間あるとしても，学期の半分を大英帝国の飾り皿のデザインをしたり，自分の性格についての一連の質問に答え，その答を使って紋章のデザインをしたりすることに使っていたら，本来歴史について学んでいるはずの時間の6分の1は，歴史について考えていないことになる。

　皮肉なのは，これらの授業が退屈な機械的学習に代わる創造性豊かなものとして提示されているということだ。しかし，人がどのように物事を記憶するのかを知っていれば，このような授業の方が退屈な機械的学習につながると逆説的に言えるのである。シェイクスピアについての操り人形を使った授業では，生徒は実際にはシェイクスピアや『ロメオとジュリエット』について何も考えずに授業の何時間かを使う。実際には考えたり練習すべき知識やスキルは急いで2〜3時間の中に，おそらくはかなり機械的に詰め込まれてしまう。この課のテストがあるとしたら，授業では事実の意味について考える時間がなかったので，学びを修正したいと思う生徒に与えられた唯一の解決策は，丸暗記，つ

まり意味を取り除かれた事実を学ぶことである。もし授業時間が関係のない逸脱した活動のために無駄に使われたら，生徒たちは，本来意味付けとともに学ぶべきであった知識やスキルを丸暗記すること——それもおそらく間違って——を強いられてしまうのである。

　神話2では，直接指導が成功している例を見たが，今はそれがプロジェクトやアクティビティーのような，指導を最小限にする代替法よりもはるかに優れていることがはっきりと分かっている。そこでは，あまり利発な生徒ではなかったウィンストン・チャーチルにとって，直接指導とドリルがなぜ非常に有効な方法であったかを説明した。今度は，ある機械的な，ドリル中心の教え方が優秀な生徒にもより有効であることを示したい。

　サッカーを教える時は，いずれは11人制の試合で勝たせたいと思うだろうが，そのために一番いい方法は，小さいころから競争の激しい11人制の公式試合を子供にさせることではない。プロジェクトの場合と同様，11人制の試合に勝つという複雑な問題をより小さく単純な問題に分割し，そこから練習させるべきなのだ。サッカーで要求される基本的なチームとしてのスキルは，ボールをキープできるということだ。個人としての基本的なスキルは，それに準じる——ボールのコントロールができること，つまりファースト・タッチが上手にできて，パスのやり取りができることである。チャーチルは，英語の重要な基本要素は文であり，英語の構文を「骨の髄にたたき込む」のがいかに価値があることか気づいた[34]。つまり，文を構築できなければ，書くことはできないし，ボールをコントロールできなければ，サッカーはできないのである。

　これまで見てきたように，生徒にとってもたくさんの複雑な作業を与えることは，複雑な作業の重要な要素の習得をかえって難しくしてしまい，実際は習得どころか忘れたり無視したりすることにもなる。同様に，11歳の子供に11人制サッカーの試合を公式のピッチでさせても，ボールのパスやコントロールの熟達につながることはまずないだろう。だがイングランドでは，そのように子供にサッカーを教えている。11歳以下のチームが，大人と同じサイズのピッチで，大人と同じゲームをさせられているのである[35]。私がこれまで使ってきた表現で言い換えると，子供たちは早期に複雑な現実世界の作業をするように奨励されている。スペインやラテン・アメリカでは，子供たちはボールを扱うスキルや訓練中心の練習をはるかにたくさん行う。それらは全く機械的で，

試合とは異なり、ゴールを狙う練習は含まない。コーンで非常に狭い場所を区切って練習するので、敵対する相手やタックルもない。子供たちはしばしば、1930年代にウルグアイで考案されたフットサル（5人制の室内サッカーでゴールも小さく、オフサイドのルールもない）を練習する[36]。

そういう国では、戸外でのゲームを始める時も、チームの人数は少ないままだ。スペインでは14歳以下のチームに入るまでは、11人制でフルサイズのピッチを使うことはない[37]。これらの訓練やルールを簡略化したミニゲームは、大人の試合で本当に大切になるスキルを若い選手にマスターさせるために行うのだ。スペインのシステムでは、高度な技術を獲得するために際限なく大人と同じ試合をさせる必要はないとされている。事実、11人制の試合をフルサイズのピッチで際限なくやらせても熟達にはつながらないだろう。サッカー選手として上達するには、ボールに触れる必要があるのだが、11歳の子供が11人制の試合をしても、小人数での試合ほどボールに触れることはできず、多くの子供はほとんどボールに触れないで終わってしまう。何よりスペインのシステムはこれで上手くいっている。世界で最も成功している11人制のクラブやナショナル・チームの選手たちは、それほど成功していないイングランドの選手たちよりも3年遅れて11人制の試合を始めたのだ。彼らの現実世界のゲーム経験はずっと少ないわけだが、実際の試合で重要になること、つまり、ボールをコントロールするということを、ずっと多く経験してきているのだ。

まさにそれと同じ問題が英語の教え方にも影響を与えている。これまでに紹介してきた多くの授業やプロジェクトでは、生徒には最後に長い作文――レポート、電子メール、手紙、あるいは説得力のある文章など――を書くことが期待されており、これで英語を十分教えたことになっている。しかし実際には、ほとんどのプロジェクトでは、生徒は文章の書き方を全く教わっていない。彼らは何らかのライティングをさせられるが、それは書き方の指導とは全く違う。文法知識は、きちんとした文章を書くのに必要な基本的知識の一部であるが、ほとんど教えられていないのだ。最新のOfstedの科目報告書には34の英語の授業の記述があるが、文法に言及しているのは以下のただ1件のみである。

例えば、年少の生徒には『Mr Men』（子供たちに人気の絵本）の学習単元は評判がよい。この単元が中等教育の生徒に求めるものは表面的には

限定的に見えるかもしれないが，この単元の作業は文法的・言語的分析を多く伴う。この単元はステレオタイプという概念の探究から始まり，次に生徒は，形容詞，擬声語，頭韻法に焦点を当てて文法知識を復習し応用する。その後，著者が使ったこれらの文法的技法を考察しつつ，Mr Men の登場人物の分析を行い，最後に生徒は自分なりに新しい登場人物を創造する[38]。

　残念なことに，擬声語も頭韻法も実は文法的な特徴の例ではない。それらは文体上の技巧であるため，Ofsted が褒めている唯一の文法の授業は，実際は文法の授業ではないことになる。Ofsted の査察官に文法の区別がつかないのは，それほどまれなことではない。1960年代から何十年間か，文法を教えることはイングランドの学校では時代遅れとされてきた[39]。NC が制定された初期には，文法を再導入しようとしたのだが，文法を習ったことのない教師たちも教えなくてはならなくなった。1995年と2002年に行われた調査によれば，教員研修中の学生の文法知識には大きな個人差があったにもかかわらず，きちんと対応がなされなかった[40]。1990年代になって文法の大切さに関する公式出版物も刊行されたが，教室での実践という意味では，いまだに1960年代の文法教育の後退がもたらした知識の欠落を乗り越えることができないでいる。Ofsted の報告書が文法について誤った言及をしているのは，この事情を明らかに示している。

　おそらくは，教師も Ofsted の査察官もどのようなタイプの文法知識を教えればいいのか分からないので，教えることに慎重なのであろう。いかなる理由にせよ，Ofsted は前出の「カーゴ・カルト」のような方法を推奨し，そこでは，生徒はプロの作家が持っている基本的知識を学んだり練習したりする代わりに，単に作家の真似をしているだけである。英語学習のシステムでもサッカーのシステムでも，生徒は基本事項に対する自らの弱点を適切に発見し，訂正することなしに何となくごまかすことができるのだ。イングランド・フットボール協会はこのことに気がつき，若いサッカー選手の育成法を改編し，基本を練習できる機会を増やすようにした。しかし，英語教育当局は，そのような変更の意向を見せていない。

　これまでに遭遇してきたいくつもの神話に見られるように，これも崇高な目的とひどい方法の組み合せから成っている。教育の目的は，生徒が自分で現実

世界の問題を解決できるようにすることではあるが，彼らがすでに1人で現実世界の問題を解決できると想定して教えることによって，その目的が達成できるわけではないのである。

注
1) Wheeler, S. Content as curriculum (2012), http://steve-wheeler.blogspot.co.uk/2011/12/content-as-curriculum.html (accessed 6 March 2013).
2) *Times Higher Education Supplement.* To spoon-feed is not to nurture (2011), www.timeshighereducation.co.uk/story.asp?storycode=418217 (accessed 6 March 2013).
3) Royal Society of Arts Opening Minds. Opening Minds (2013), www.thersa.org/action-research-centre/education/practical-projects/opening-minds (accessed 7 March 2013).
4) Royal Society of Arts Opening Minds. Why was RSA Opening Minds developed? (2013), www.rsaopeningminds.org.uk/about-rsa-openingminds/why-was-opening-minds-developed/ (accessed 6 March 2013).
5) de A'Echevarria, A. Exploring subject-specific enquiry skills (2008), www.teachingexpertise.com/e-bulletins/subjects-specific-thinking-skills-3837 (accessed 6 March 2013).
6) Royal Society of Arts Opening Minds. RSA Opening Minds competence framework (2013), www.rsaopeningminds.org.uk/about-rsa-openingminds/competences/ (accessed 6 March 2013).
7) Office for Standards in Education, Children's Services and Skills. Curriculum innovation in schools (2008), p. 13, www.ofsted.gov.uk/resources/curriculum-innovation-schools (accessed 6 March 2013).
8) Office for Standards in Education, Children's Services and Skills. Transforming religious education: Religious education in schools 2006-09 (2010), p. 27, www.ofsted.gov.uk/resources/transforming-religious-education (accessed 6 March 2013).
9) Office for Standards in Education, Children's Services and Skills. Geography: Learning to make a world of difference (2011), p. 30, www.ofsted.gov.uk/resources/geography-learning-make-world-of-difference (accessed 6 March 2013).
10) Office for Standards in Education, Children's Services and Skills. Good practice resource: Making English real – creating independent learners in English: The Peele Community College October (2011), p. 2, www.ofsted.gov.uk/resources/good-practice-resource-making-english-real-creating-independent-learners-english-peele-community-col (accessed 6 March 2013).
11) 同上, pp. 2-3.
12) Office for Standards in Education, Children's Services and Skills. Excellence in English: What we can learn from 12 outstanding schools (2011), pp. 27-28, www.ofsted.gov.uk/resources/excellence-english (accessed 6 March 2013).
13) Office for Standards in Education, Children's Services and Skills. Good practice resource: Making English real – creating independent learners in English: The Peele Community College October (2011), p. 3, www.ofsted.gov.uk/resources/good-practice-resource-making-english-real-creating-independent-learners-english-peele-comrnunity-col (accessed 6 March 2013).

14) Association of Teachers and Lecturers. Subject to change: new thinking on the curriculum (2007), p. 35, www.atl.org.uk/Images/Subject%20to%20change.pdf (accessed 6 March 2013).
15) de A'Echevarria, A. Y10 model of the creative process (2008), www.teachingexpertise.com/files/Y10 model of the creative process.pdf (accessed 6 March 2013).
16) Office for Standards in Education, Children's Services and Skills. Moving English forward: Action to raise standards in English (2012), pp. 32-33, www.ofsted.gov.uk/resources/moving-english-forward (accessed 6 March 2013).
17) Office for Standards in Education, Children's Services and Skills. History for all: History in English schools 2007/10 (2011), p. 14, www.ofsted.gov.uk/resources/history-for-all (accessed 6 March 2013).
18) Office for Standards in Education, Children's Services and Skills. Geography: Learning to make a world of difference (2011), p. 36, www.ofsted.gov.uk/resources/geography-learning-make-world-of-difference (accessed 6 March 2013).
19) ActiveHistory.co.uk. Testimonies (2013), www.activehistory.co.uk/testimonies.htm (accessed 6 March 2013).
20) ActiveHistory.co.uk. Design Your Own Coat of Arms (2013), www.activehistory.co.uk/main_area/games/yr7_heraldry/frameset.htm (accessed 6 March 2013).
21) ActiveHistory.co.uk (2013). The Black Death, www.activehistory.co.uk/Miscellaneous/menus/Year_7/Black_Death.htm (accessed 7 March 2013).
22) Simon, H. and Chase, W. Skill in chess. *American Scientist* 1973; 61: 394-403; Ericsson, K.A., Krampe, R.T. and Tesch-Römer, C. The role of deliberate practice in the acquisition of expert performance. *Psychological Review* 1993; 100: 363-406; Ericsson, K.A., Charness, N., Hoffman, R.R. and Feltovich, P.J. *The Cambridge Handbook of Expertise and Expert Performance*. New York: Cambridge University Press, 2006.
23) Willingham, D.T. *Why Don't Students Like School?* San Francisco: Jossey-Bass, 2009, p. 127.
24) 同上., p. 137.
25) Kirschner, P.A., Sweller, J. and Clark, R.E. Why minimal guidance during instruction does not work: an analysis of the failure of constructivist, discovery, problem-based, experiential, and inquiry-based teaching. *Educational Psychologist* 2006; 41: 75-86.
26) Feynman, R. *'Surely You're Joking, Mr Feynman?'* London: Vintage, 1992, p. 340.
27) BBC Radio Four Current Affairs. School of hard facts: transcript of a recorded documentary (2012年10月22日に初放映されたドキュメンタリーを文字化したもの) (2012), http://news.bbc.co.uk/1/shared/spl/hi/programmes/analysis/transcripts/221012.pdf (accessed 6 March 2013).
28) Department for Education. Early entry to GCSE examinations (2011), p. 3, www.education.gov.uk/publications/eOrderingDownload/DFE-RR208.pdf (accessed 7 March 2013); Oates, T. Could do better: Using international comparisons to refine the National Curriculum in England (2010), p. 7, www.cambridgeassessment.org.uk/ca/digitalAssets/188853_Could_do_better_FINAL_inc_foreword.pdf (accessed 7 March 2013).
29) *The Signal-Man* by Charles Dickens (2013), p. 6, www.teachit.co.uk/attachments/1573.pdf (accessed 6 March 2013); The duality of *Dr Jekyll and Mr Hyde* (2005), p. 2, www.

teachit.co.uk/attathments/4001.pdf (accessed 6 March 2013).
30) Kirschner, P.A., Sweller, J. and Clark, R.E. Why minimal guidance during instruction does not work: An analysis of the failure of constructivist, discovery, problem-based, experiential, and inquiry-based teaching. *Educational Psychologist* 2006; 41: 75-86.
31) Willingham, D.T. *Why Don't Students Like School?* San Francisco: Jossey-Bass, 2009, p. 54.
32) 同上, p. 53.
33) 同上, p. 79.
34) Churchill, W. *A Roving Commission: My Early Life*. New York: C. Scribner's Sons, 1939, p. 16.
35) *Guardian*. FA votes for smaller-sided matches for young footballers (2012), www.guardian.co.uk/football/2012/may/28/fa (accessed 6 March 2013).
36) The FA.com. The history of futsal (2013), www.thefa.com/my-football/player/futsal/history-of-futsal (accessed 6 March 2013).
37) BBC Sport Football. Gareth Southgate reveals FA youth football initiative (2011), www.bbc.co.uk/sport/0/football/13634800 (accessed 6 March 2013).
38) Office for Standards in Education, Children's Services and Skills. Excellence in English: What we can learn from 12 outstanding schools (2011), p. 27, www.education.gov.uk/publications/eOrderingDownload/100229.pdf (accessed 3 March 2013).
39) Hudson, R. and Walmsley, J. The English patient: English grammar and teaching in the twentieth century. *Journal of Linguistics* 2005; 41: 593-622.
40) 以下を参照せよ。Williamson, J. and Hardman, F. Time for refilling the bath? A study of primary student-teachers' grammatical knowledge. *Language and Education* 1995; 9: 117-134; Cajkler, W. and Hislam, J. Trainee teachers' grammatical knowledge: The tension between public expectations and individual competence. *Language Awareness* 2002; 11: 161-177.

神話 7
知識を教えることは洗脳である

人々がこれを信じ，それが教育政策と教室での実践に影響を与えたという証拠はどこにあるのか。

この神話を支えている理論

　知識に基づくカリキュラムに対して頻繁になされる批判は，カリキュラムに反映される知識を選ぶことは，その知識を選定する人の価値観で生徒を洗脳する恐れがあり，政治的に偏向した行為になるのではないかというものである。

　ここでの理論的根拠は，知識とは危うさを含む概念であるというものであり，子供たちに知識を教えたいと思うことには問題はないが，そうすると結果として多くの問題が引き起こされるというものである。私たちは客観的な事実というものがあることは認めてもよいが，そうした事実は数多くある。その中のどれを教えるべきかをどのように決めたらいいのだろうか。どのような分類基準をもって何を教え，何を教えないかを決めるべきなのであろうか。

　1960年代，1970年代には，ある一定の客観的事実が存在するということに同意することさえ難しいという理論家もいた。1966年に出版された『現実の社会的構成—知識社会学論考』（*The Social Construction of Reality: A Treatise in the Sociology of Knowledge*）の中で，バーガーとルックマン（Berger & Luckmann）は，私たちが真実だと認識する多くの事実が，実際には社会的に構築されるものであることについて考察している[1]。それらは客観的にどこか外界に存在しているものではなく，私たちがその存在を信じるが故に存在するようになったもので，制度的な権力に支えられていることが多いという。

教育者はカリキュラムにこの理論を適用した。もし，私たちが当たり前だと思っている「事実」が社会的に構成されたものであるならば，私たちはどのようにそれをカリキュラムの基準として使うことができるというのか。それだけではなく，もし，「事実」が私たちの社会システムや制度によって構成されたものであるとすると，教育はそれらの確立と維持を暗に助けることにもなる。伝統的なカリキュラムはある種の知識を優遇することがあるが，そうすることに客観的正当性はなく，それを可能にするのは社会的な構造と慣習に過ぎない。この議論に従うと，事実を教えること，すなわち知識を教えることは，それまで考えられていたような中立的な行為ではなくなってしまう。その代わりに，知識の指導は権力，権威，そして社会階層の問題と深く関わってくることになる。このような考え方を先頭に立って推進した人々の多くはロンドン大学教育研究所（Institute of Education, IOE）に所属する教育者であり，彼らの多くはマイケル・ヤング（Michael Young）が 1971 年に編集した『知識と統制―教育社会学の新たな方向性』[2]という論文集に寄稿している。ヤング自身は次のように述べている。

　　権力を持つ者は次のようなことを定義しようとするだろう。学ぶべき知識として採用されるべきものは何か，人々はどのような知識を持ちどの程度その知識を利用できるようになるべきか，様々な分野の関係性とはどのようなものであるべきか，そして，これらの知識を利用できるのはどのような人々であり，彼らと知識を与えてくれる人々との間の関係性はいかなるものか[3]。

　もちろん，この論文集に寄稿した理論家たちはナショナル・カリキュラム（NC）の制定前に論文を書いている。よって，彼らが非難しているような学校で教わる知識は，現行の NC により法的に指定されているものではない。彼らは，社会の覇権的価値を非難しており，それは法令のみならず，社会の構成原理，慣例，そして特に私たちの生活の基礎となっている常識的な意識や実践の中にも見いだされる[4]。このように，NC が作成される前でさえ，彼らはある種の教科や知識が子供たちに押し付けられる状況を非難していたのであり，その押しつけは法律によるというより，ある種の知識が他の知識より良いという社会的な慣習によりなされると考えた。ビック・ケリー（Vic Kelly）にとっ

て，そのような押しつけは非民主的なものであり，「どんな種類の知識の押しつけも，社会的抑圧の一形態であり，民主的な社会に必須の自由に対する脅威として見なければならない」ものであった[5]。彼はまた，「ポストモダニズムは，……　あらゆる種類の知識の総体，学校の教科などの義務教育が含むすべての知識について，それを教えることが天与の権利であると標榜するようないかなる理論をも覆そうとする考え方である」とも述べている[6]。

　これらの理論家がしばしば憂慮したもう1つの側面は，社会階層とカリキュラムの本質であった。ジェフ・ウィッティ（Geoff Whitty）は，労働者階級の生徒が多く行く総合制学校（comprehensive school）で「グラマー・スクールのカリキュラム」を教え始めた時，そこの生徒にとってグラマー・スクールで教えられていた教科内容はまったく意味をなさなかったと述べている[7]。ジョン・ホワイト（John White）は，今のカリキュラムが「中産階級の伝統的カリキュラム」であり，それを全員に押し付けることが，いかに中産階級に特権を与えることになるかを調査した[8]。教師・講師協会（ATL）の同じカリキュラムについての報告書は「ハイ・カルチャー（上位文化）というのは上流階級の生活様式と密接に関係している」と論じ，20世紀の教育がハイ・カルチャーを大衆に教えようとしたことを批判している。すなわち，「20世紀に発展した大衆教育のシステムは社会的エリート層に必要だとされたカリキュラム内容をそのまま利用したようなものであった」[9]。ここから分かるのは，これらの理論家は労働者階級の恵まれない子供たちの教育に特に心を割いているということである。彼らは真に民主的で平等主義のカリキュラム，つまり，支配層の利権を再生産するのではなく，すべての子供たちの学びを助けるように構成されたカリキュラムの保証を望んでいる。

　そうした理論家のNCに対する態度はまちまちである。当初，彼らはNCは伝統的な科目や知識の覇権を支えようとしているとして，NCに対してきわめて批判的であった。そのうち，ことに1999年と2007年のカリキュラム改訂の後，彼らの態度は軟化した。マーティン・ジョンソンは2007年の改革を，十分大きな前進であるかどうかは疑問であるとしても，「我々が提唱する方向への一歩である」と賞賛した[10]。ジョン・ホワイトは2007年の改革委員会のメンバーを務め，1999年と2007年のカリキュラムに掲げられた目標に満足感を示した[11]。

　私がここに引用したのはどういう人たちであろうか。マーティン・ジョンソ

ンはATLの事務局長であり，前にも登場している。彼は，ATLの『変革の下に』(*Subject to Change*) と題された2007年版カリキュラム報告書の主たる著者である。マイケル・ヤング，マイケル・アップル (Michael Apple)，ジェフ・ウィッティ，ビック・ケリー，そしてジョン・ホワイトはみな，カリキュラムに関して影響力を持つ理論家である。興味深いことに，マイケル・ヤングはこの10年の間に考え方をかなり変更している。マイケル・アップルはアメリカ人であるが，その業績はイギリスの学術界にかなりの影響力を持ち，彼の著作『イデオロギーとカリキュラム』(*Ideology and Curriculum*) は1979年に出版され今では第3版が出ている[12]。ジェフ・ウィッティは，イギリスで最も影響力があり高名な教育機関の1つであるロンドン大学教育研究所 (IOE) の所長を2000年から2010年にかけて務めた。ビック・ケリーは2010年に亡くなったが，その前はゴールドスミス (Goldsmiths) 大学の名誉教授，それ以前は教育学部長であった。彼の著作『カリキュラム―理論と実践』(*The Curriculum: Theory and Practice*) は1977年に初版が出版されたが，今では2009年に出版された第6版が読まれている。この本は多くの大学の教育学部の必読リストに掲げられ，IOEの現上級講師によってそのカバーに書かれた推薦文には，「カリキュラムの古典」であるという賛美の言葉が寄せられている[13]。ジョン・ホワイトはIOEの名誉教授であり，2007年のカリキュラム改革に対しても助言を行っている[14]。ここで私が彼らの名を挙げたのは，私が「わら人形」を攻撃しているのではないことを示すためである。これらの理論家は，過去40年間にわたって直接的にも間接的にもイギリスの学校教育に重大な影響を及ぼしてきた実在する人々なのである。

　ここで分かるのは，彼ら全員にとって知識という概念そのものが問題を包含しているということである。知識というのは社会階層や権力と深く結びついていて，私たちが教えることのできる1つの絶対的に正しい知識体系というようなものはないのである。何かを教えるということは生徒を洗脳してしまうという危険を常にはらんでいる。伝統的なカリキュラムやNCは覇権的価値を再生産し，そうすることで社会的，階層的不平等を再生産するような知識を教えることを意味している。ではその仕事を担う気の毒な教師は何をしたらいいのだろうか。解決方法は知識を教えないか，あるいは授業内容を知識の指導からスキルに焦点を当てたものに変えることである。ビック・ケリーが言うように，教育とは生徒に対して，意味を上手に処理し，自身の経験を解釈・再解釈し，

その結果として，自分自身の価値体系を発展させていくという重要な権利を与えるべきものである[15]。ジョン・ホワイトは学校がカリキュラム編成の「伝統的な方法から離れ」，「プロジェクトや学際的活動，あるいは個別の学科に基づかない他の方法」へと移行するように政府が「積極的な先導をすること」を望んだ[16]。彼は別の論文で，「なぜ学校が知識習得だけの場になっているのか？」と問いかけている。学校は，同時に，創造性，他者への広い思いやり，美を愛する心，自信などの個人的資質を発達させる場所であるべきであると言う人もいる[17]。それゆえ，彼らの理論から教えられることは，私たちは生徒に外から内容を押し付けてはならず，その代わりに望ましいのは，中産階級的価値観を反映した伝統的な科目ではなく，それらとは異なる性質のプロジェクトを通して，生徒たちの能力を伸ばすために，彼らがすでに持っている知識と経験を生かした学習をさせるべきであるということである。

教育現場における実践

これまで見てきたように，1999年と2007年のカリキュラム改革に対する意見は様々である。しかし実際には，これらの改革は，カリキュラムに関する多くの理論的批判を取り込んだものであったとは言えるだろう。これらの改革は，カリキュラムの内容量を削減するとともに，生徒たちが伸ばすべきスキルにより重点を置いたものであった。特に2007年のカリキュラムは，教師は授業において，生徒たちが持っている知識の意味を様々な形で処理できるような学びをもたらす経験をさせるように奨励している。

Ofstedが推奨している授業が上記のような実践に適合していることは，これまでに見てきた例からよく分かる。扱う教科内容が限られている授業が多く，その代わりに，生徒たちは，後で他の生徒の学習の主題になっていくような内容を時間をかけて自ら作り出すことを奨励される。以下が，英語の授業におけるその例である。

> 9年生の授業では，グループとして「思慮深く作業すること」と，互いの作業に対して肯定的かつ建設的なフィードバックを与えることが目標であった。教師は，生徒たちのあるグループが自分たちで作ったテレビ・ドキュメンタリーのプレゼンテーションをクラス全体で見る直前に，これら

の点を強調し，効果的なフィードバックの例を示していた。教師はプレゼンテーションの途中でメモを取って，フィードバックの手順の例も示した。そのグループの発表の後には，自発的に拍手が起こり，生徒たちは肯定的なコメントと共に相手に配慮した微妙な表現で批判をした[18]。

同じことは以下の美術の授業にも言える。

　　生徒は授業について準備してきた。生徒1人1人が，教師や他の生徒にとってはよく分からないものだが，その生徒個人にとって大切な物品を持参して授業に臨んでいた。教室の真ん中に置かれた大きな段ボールの箱にすぐに皆の注目が集まった。その箱の細かい動きや中から聞こえる奇妙な音が強い好奇心を掻き立てたのだ。
　　箱の周りには紙や筆記用具が置かれており，教師は生徒に，それらを使って自分の考えや感じたことを記録してはどうかと提案し，生徒たちはすぐに応じた。箱の中にいるかもしれない動物を描こうとする生徒の様子を見て，教師は想像力を最大限に使うよう要求した。「もし中に生き物がいるとしたら，それはどんなに大慌てしているだろうか？　あなたたちの絵はその様子を示していますか？　もし，箱の中が暗くて薄気味悪いとしたら，あなたたちの絵には，暗くて薄気味悪い様子が出ていますか？」言葉による表現を促された生徒たちは，捕らわれているとか，怯えているとか，追い詰められたなどと答えながら，そういう様子を表現するために動きのある躍動的な絵を描こうと努力した。そして，様々な意味を重層的に表すような生き生きとした表現力豊かな絵が出来上がった。授業開始から10分間で生徒たちの思考が深まり，そして絵を使った表現力が格段に進歩した。
　　教師による話は最小限に抑えられたまま，生徒たちは自分が持参した物品のところに戻り，それらの重要性を再考したり，説明したりした。教師はそれを注意深く聞いたが，ここでもより深い分析を行うために質問は最小限にとどめられた。想像力を使って絵を描くという経験をした生徒たちに，教師は「芸術家になったつもりで」自分たちが選んで持ってきた物品の意味を表現する絵を描くように促した。教師はさらに，他の生徒たちが選んだ物品の重要性について，それぞれの絵が何を伝えようとしているか

をよく考えるよう促すことで，さらに生徒たちの思考を喚起させた。全員が1つの絵から次の絵へと移動しながら，それぞれの絵の意味にさらに何らかの強調すべき点を加えるよう促された。こうして他の生徒が付け加えてくれた意味によってより豊かなアイディアを得て，生徒たちは自分の絵のところに戻った。教師は，実はこの活動は，ギャラリーで，自分の作品を鑑賞者がそれぞれの経験を通して評価するのを見ている芸術家の活動を模したものであることを説明した。授業開始から30分経過したところで，教師はこの授業の目標が「芸術家の作品の目的とその意味の理解をより深めること」であったことを生徒たちに明かした[19]。

あるいは，以下の宗教教育（RE）の授業例のように，生徒たちがすでに知っている知識を使って学習することもある。

最後に，生徒たちは自分自身の視点で現実の説明をするように言われた。生徒たちはこれを，やり甲斐のある作業だと感じて熱心に取り組んだ。何人かの生徒は，人々がもはや確実なものはないと思っているような多様な世界に生きる感覚について，自分自身の解釈に基づく意見を提示した[20]。

あるいは，次のような英語科の授業で，生徒たちは自分たちにより関連性があると思われる知識を使って学習した。

この学科の成功の鍵となるもう1つの特色は，すべての教職員同様に生徒たちが英語の学習計画作成に直接寄与するというところである。学習において取り上げるトピックや方法が，授業内での議論や，多様な能力や将来の希望を持つ様々な生徒たちとの面談を通して提案され，評価される。さらに，カリキュラムは，次のような地元やコミュニティーのニーズに直結するよう，皆で共有された優先順位に沿って構築された。
・メディアはいかに子供たちをターゲットにし操作しようとしているかなど，生徒たちの経験に関連したテーマを探求すること。
・多様化しつつある学校教育を反映し，難民や，人種差別，ストリート文化といったロンドン南東地区の問題に取り組む[21]。

英語科の授業からもう1つ例を挙げる。

 あまり成績のよくないクラスを対象にして，まずゲリー・リネカーのウェブサイト，それから彼の差し迫った離婚のニュースを見てから，その後クラスが一体となって課題に取り組んだ[22]。

生徒たちがまだ知らない新しい知識に出会うような稀な場合には，以下のように常にその内容を生徒の経験に関係付けて教えることが強調されている。

 9年生のもう1つの授業では，『大いなる遺産』（*Great Expectations*）に登場する主人公ピップの里親同志の関係を調べていた。教師の計画には，家族関係や家族の問題の解決が含まれていたようだ。生徒たちは，結婚生活相談の場面をロールプレイしたり，ホット・シーティング[訳注1]の手法で様々な役に扮した生徒たちを問いつめてみたりして，この問題を掘り下げることを選んだ。そのような活動とそれに続く全員での議論で，家庭内暴力を含む複雑な問題を掘り下げたためか，生徒たちからはめったに見られないような真剣さや互いへの信頼が感じられた。このようにして，文学の学習は現代の生活や生徒たち自身の経験に常時関係付けられたのであった[23]。

最新のOfstedの英語科の授業報告書にまとめられていた33の授業例やカリキュラム上の学習単元の中で，文学的，あるいは文法的内容を全く含まないものが19あった[24]。文学的・文法的内容に触れている14の授業においてさえ，それらが授業における重要な焦点ではないことがほとんどであった。例えば，『ロミオとジュリエット』に関しての授業で，操り人形を作ったり，『大いなる遺産』の授業では，結婚相談の場面のロールプレイに焦点が当てられたりしており，シェイクスピアの戯曲についての授業では映像製作がなされたところが評価され，『マクベス』の授業に至っては授業内容に関したことではなく，生徒たちが教師に宿題をeメールで提出したという点が賞賛されている。文学的あるいは文法的内容が含まれている14の授業においてさえ，教師が内容を教え，生徒たちがそれについて考える時間の割合は非常に限られており，それよりもはるかに長い時間が，新しい知識を生徒の生活と関連付けて行う生徒主導

の活動に費やされている。

なぜこの神話が誤りなのか

　私は民主主義と平等主義に関するこれらの理論家の懸念については全く同感である。カリキュラムを計画するに際しては「現代の自由民主主義社会の中で人々を豊かな個人および繁栄する市民生活に導くものは何なのかというイメージを描くことから始めねばならない」というジョン・ホワイトの意見には全く賛成である[25]。私たちの社会が民主的で平等であるなら，教育はその状況の維持を目標にしなければならず，もし，私たちの社会がそうでないとしたら，教育はこの状況を変えようとしなければならない。これらの理論家の掲げる目標に同意するからこそ，彼らの方法論には強く反対したいのである。学校において知識の指導を減らしたり軽んじることは，私たちの社会の反民主的で不平等な特徴を増幅させてしまうと考えるからである。

　ここまで述べてきたように，スキルと知識の区別は，この章で挙げた何人かの理論家が考えているほどたやすいことではない。ジョン・ホワイトは，学校が知識の習得を目指すのではなく，「想像力，他者への大きな思いやり，美を愛する心，自信などの個人的資質を発達させる」ことに焦点を置くことを望んだ。しかしながら，これまで見てきたように，これらのスキルと能力は彼が想定するように知識の獲得から分離できるものではない[26]。知識に頼らずに観念的なスキルを教えることができるとしたら，スキル中心の教育は解決策となるかもしれない。しかし，そうはいかないのである。知識が重要だと言えるのは，ここまでに検討してきたOfstedの示すすべての授業例には，必ず何らかの知識を含まざるを得ないからである。これもすでに分かったことであるが，授業に必要な知識は生徒がすでに知っている種類のものであることも多い。以前の見解を再度述べることになるが，スキルの転移可能性が，これらの理論家が考えるように簡単であるなら，彼らの方法論も１つの選択肢かもしれない。しかし，そんなことはないのである。生徒が自分のクラス内の人間関係の政治力学を理解する方法を学んだとしても，長期議会（Long Parliament, スコットランドの反乱に敗れたチャールズ１世が賠償金を捻出するため1640年11月に召集した議会）の政治力学に関する歴史的な背景を理解できることにはならないのである。

しかしながら，長期議会の政治力学に関する知識はここでは関係ないという意見もあるであろう。つまり，生徒たちが自分自身で経験できない，彼らの世界の外にあるようなことを学ぶ必要があるのかという問題だ。これは，実体験から離れた外部世界の知識は，身の回りの知識より多少高尚で価値の高い知識であると主張しているのは誰なのであろうかという問いかけにもつながる。私としては，もし民主主義や平等主義に本当に関心があるならば，外部世界の知識は極めて重要であると主張したい。民主主義では，すべての市民が自分の身近な経験を超えた世界に関する知識と理解を持つことが必要であり，平等は，人々や社会階層間で民主主義の理解に大きな隔たりがあってはならないということである。民主的な社会において能動的な市民であるためには，歴史や，世界や，科学や，人文学を知らねばならない。多くの生徒が，すでに持っている知識ではなく，彼らが経験から得ることができないような知識についても知る必要があるのである。社会主義歴史学者R. H. トーニー（R. H. Tawney）は次のように指摘している。

　　　我々人間は，文学や芸術，社会の歴史，科学の発見に関するある程度の知識を通じて，人類の栄光や悲劇を理解するのだが，それらが教えてくれる人間の本質の頂点とどん底を把握せずして，この世界で安心して生きることができる者など誰もいない[27]。

外部世界についての知識は，平等の確保にとっても必要なものである。教師が，もし生徒がすでに持っている知識や，体験を通じて得た知識だけを使って教えるのであれば，それは教育的不平等を再生産することになる。教育レベルの高い家庭の生徒たちは多くの知識を持って授業に臨めるであろうが，教育レベルの低い家庭や移民の家庭に育った生徒たちは少ない知識量しか持っていないからである。

ウィリアム・ベバリッジ（William Beveridge）は民主主義のためには知識が重要であることが分かっていた人物であった。無知というのは彼の挙げる5つの社会的悪の1つであり，彼はまた，「無知は悪魔の雑草であり，独裁者はだましやすい人々の間ではその雑草を栽培できるかもしれないが，民主主義では，そのような雑草の生える余地はない」とも述べている[28]。トーマス・ジェファーソン（Thomas Jefferson）も自由の確保のために知識がいかに重要

であるかを認識しており，「文明の状態にありながら，国民が無知でかつ自由であることを期待するなら，それはかつてもまたこれからも決して存在しないであろう状態を期待していることになる。」と言っている[29]。

　実際，私はこれは真実だと思う。私がかつて教えた高校生（sixth-formers）でトップの成績を取り続けた生徒たちでも，市民として求められる決定をするような，十分な情報を持っていなければならない時に，それに必要な背景知識を持っていないことが多かった。ある時，選挙と民主主義に関するディスカッションをしてる際に，女王を投票で決めることができるのかと質問した生徒がいた。私が教えていた生徒の多くは，選挙では誰に対して，または何に対して投票ができるのか確信が持てないようであった。ハンサード協会（Hansard Society）の政治的関与に関する年次調査によれば，私の経験は珍しいものではない。彼らの調査によれば，18歳から24歳までの若者を対象にした英国の政治に関する単純な正誤判定テストにおいて，66％以上正答をしたのは，3分の1に過ぎなかったという[30]。この調査は，年齢別の各質問の正答率は発表していないが，以下の項目に関しては，この調査に参加したすべての年齢層の3分の1が「正しい」と答えているのである。それは，「貴族院の議員は英国国民により選ばれる」というものだ[31]。このことはこれまで以上に基礎的知識がいかにすべての高次の思考のために必要かということを私たちに痛感させる。貴族院議員が選挙で選ばれると思っている人が，貴族院の改革に賛成か反対かという今話題の議論についての分析や評価はできないことは自明である。彼らは貴族院に関する重要な知識に欠けており，その知識は「質問する」というような一般的なスキルを使っても適切に得られるものではない。もし，人々の民主的な制度に関する知識がこれほど不確かなものであれば，彼らを操ったり間違った方向に導いたりすることがとても容易なことに改めて気づく。ベバリッジが言ったように，偏見は知識からではなく，無知から生まれるのである。偏見から身を守る最良の手段は質問することではなく，最良の防御は知識にある。事実（基本的知識）を知らなければ，質問すべき何らかの問題があるかどうかさえ分からないであろう。

　それゆえに私たちは外部の知識を教室で教えることに価値を見出せるのだ。しかし，それだけでは一体どういう知識を，そして誰の知識を教えるべきかという問題は依然として解決していない。知識が本質的に偏った主観的なものでなく，少数のエリートだけを代表するものでもないことは，どのように確かめ

ることができるであろうか。それを区別する方法が何かあるであろうか。ウィリンガムが1つの提案をしている。どの知識がより重要で，カリキュラムに取り入れるべきかという価値判断をする代わりに，「どのような知識が認知能力を向上させるのか」と問うてみることである[32]。特定の，しかし非常に重要なリーディング教材の場合，最も認知能力向上に有益な知識は，執筆者としては生徒たちが当然分かっているべきと想定するタイプの知識であるということもこれまで検証してきた。それは，生徒たちが推論を行う時に必要な知識でもある。もし私たちの目的が，生徒に一般大衆向けに書かれた大判の新聞や知的な書籍を読ませることであれば，その著者たちが読者に期待している類の知識は教えるべきなのである。ウィリンガムは次のように述べている。

　そのような基準を使用しても，執筆者の立場からすれば読者が知っているだろうと想定する知識の多くが，"死せる白人男性（過去の著名な作家・思想家などの偉人が，白人男性中心主義ゆえに過大評価されていることを皮肉った表現)" の文化の試金石のようであることに私たちは今でも困惑するかも知れない。認知科学者の視点からすると，そのような場合唯一の対抗策は，ワシントン・ポストやシカゴ・トリビューンなどの執筆者や編集者に対して，今の読者は昔の読者が持っていたような知識は持っていないことを想定して書いてほしいと説得することである[33]。

　ウィリンガムが，「執筆者が読者が知っていると想定する知識の多くが，死せる白人男性の文化の試金石のようである」と看破したのは正しい。アメリカでは，新聞記事の実証的分析がこれを裏付けており[34]，それは，そのような知識が私たちが考えるよりもはるかに変化していないことを示している。つまり，末端部分は変化したとしても，中核となるものは変わらないままなのである。ハーシュはこれらの分析を使用して（教師や学者からのインプットも合わせて)，コア・ノレッジ（中核知識）カリキュラムを作成した。以来それは，768のアメリカの学校によって採用され，その原則は1993年のマサチューセッツ州のカリキュラム改革を成功に導くのに貢献した[35]。
　執筆者が当然と考えているような知識についての同様の分析が英国においてなされたことはない。この種の英国版コーパス（言語使用事例集）がアメリカのものと異なっているのは間違いないだろう。英国の学者がこうした研究にす

ぐに着手することを期待している。一方で，アメリカ版コーパスとそこに含まれている比較的伝統的な知識，そしてその背景にあるロジックから，英国の執筆者が当然であると考えているような知識がおおよそどのようなものであるかは十分類推できる。

　ウィリンガムが示唆しているように，私たちは死せる白人男性文化が未だ支配的であることに失望するかもしれないが，その理由を検討することには意味があるだろう。シェイクスピアの演劇，登場人物そして言語が，極めて恒久的であることは証明されており，それらについての知識は，人々がどの国で出版された英語版を使って読むことを学んでも，認知面において役に立つ。そういう著作の成功は，単に西洋の覇権的支配力の結果であると主張することもできるかもしれないが，その一方で，世界中の普通の人々が，シェイクスピアの演劇の中に人間の在り様についての独創的かつ時代を超えた洞察を見い出しているからこそ，今でも十分通用するという主張もできる。マヤ・アンジェルー（Maya Angelou）は，初めてシェイクスピアを読んだ時，シェイクスピアは黒人女性だと思い込んでしまったと言っている[36]。ネルソン・マンデラ（Nelson Mandela）は，ロベン島で投獄されている間，勇気と臆病に関するシェイクスピアの言葉を読んでいたし[37]，ワルシャワのゲットーの生存者であるマルセル・ライヒ＝ラニツキー（Marcel Reich-Ranicki）は，彼の生涯における最も絶望的な時にシェイクスピアの言葉が，自分にとっていかに意味のあるものであったかを語っている[38]。

　私たちが，死せる西洋白人男性の文化の優越性が依然として不利益をもたらし，単に彼らの経済力および軍事力の発露に過ぎないと感じているとしても，それでもそれらを教える必要はある。私たちがその知識を教えなければ，それが不利益をもたらすという真実を，結果的には現在の広い文化圏の人々が把握できなくなってしまう。私たちの生徒にその文化に関しての知識がないと，彼らが他の多くの重要な討論にも，何よりそういう文化についての討論に寄与できなくなってしまうことを教師が助長することになるのである。ウィリンガムが指摘するように，「そのような知識がなければ，生徒はより知識のある同級生がしているような教材の幅広い読解ができないし，また深い理解に至ることもない」のである[39]。

　このことを考えて，生徒の読解力向上のため，カリキュラム全体にわたって私たちが教えるべき知識を選ばなければならない。なぜなら，読解には幅広い

知識が必要であるが，そのような知識自体はそれほど深い意味を持つ必要はないからである。一方，読解以外のスキルを上達させるためには，ある種の概念についての深い知識が必要である。では，それはどのような概念であろうか。「認知科学は，生徒たちが，学習の過程で何度も遭遇する概念――すなわち，それぞれの専門分野を統合するような考え――を学ばねばならないという明確な結論を引いている。」[40] どの専門分野を教えるべきで，どの概念が基本的なのかを私たちはどのように決めるべきかが，大きな論争の的になっているもう1つの論点である。これまでに紹介してきた多くの理論家にとって，教科で区切った専門領域というのはビクトリア朝時代の中流階級の価値観を押し付けるような機械的な区分であった。これは本当だろうか。もしそうであるならば，極めて多様な国や文化がビクトリア朝時代の中流階級向けとされるものと非常に似通った科目を学校教育で採用しているのは奇妙なことである[41]。フィンランドや韓国などを含む多くの国々が，自発的にビクトリア朝時代の中流階級向けカリキュラムを教育モデルとすることに決めたと考えるよりはむしろ，教科や科目の区分は便利であるというのが，より信憑性の高い説明だと私は考えている。これらの科目は人間が考案したものであるかもしれないが，大変役に立つ発明である。なぜなら，それらは，ウィリンガムが取り上げているような重要な概念を教えるための実用的な方法を提供してくれるからである。英語における文，数学における位取り，物理学におけるエネルギーなどのそれぞれの場合において，教科は概念を教えるのに有益な枠組みを与えている。そして，どの場合においても，概念というものは，より正確にコミュニケーションをしたり，自然界を理解したり，それをコントロールしたりするような，何らかの進歩を人類にもたらすという理由でとても役立っている。1970年代に，すべての知識の社会構成的性質を唱えていたマイケル・ヤングは，現在では次のように言っている。

> 我々はすべての形の知識についてその社会性を否定できないが，私が「強力な知識」を語る際に役に立ち，よく「知識自体」と同等とされる類の事実は，社会的，歴史的起源から出現したにもかかわらず，そこに完全には依存しない特性を有している[42]。

すべての生徒に，この強力な知識を理解させ，それを使う練習の機会を与え

るということは，長期的な経済的利益をもたらすだけでなく，民主的，平等主義的な利点もあるわけである。

　では，この種のカリキュラムがエリートのためのカリキュラムであるという主張についてはどうであろうか。つまり，マーティン・ジョンソンが主張するように，こうしたカリキュラムは労働者階級の生徒に対して，不適切で無関係な上流階級の知識を学ばせようとしているという主張である。そもそも上流階級の知識というようなものがあるという考え方そのものが明らかに間違っている。ジョナサン・ローズ（Jonathan Rose）が力強く語っているように，「もし支配階層がハイ・カルチャー（上位文化）を定義付けているというなら，英国の貴族に広まっている実利主義は言うまでもなく，無産階級の独学者たちによる，あくなき知識の追求はどのように説明できるのか。」[43] 実際，エリザベス皇太后（支配階層の代表）とマイケル・ファラデー（Michael Faraday）（無産階級の代表）が，所属する階層に関係なく，ジョンソンの過剰な一般化に対してかなり説得力のある実証的な反証を提供している歴史上の人物であると言える。私の友人の中にも，慎ましい家庭の出身者ではあるが，例えばハリー王子よりハイ・カルチャーに関して深く理解していると自信を持って言える人が多くいる。

　そもそもよく考えてみれば，ハイ・カルチャーが特定の階級や文化に帰属していると考えること自体がばかげている。文明は多くの個人やその集合体が生み出した発明や発見によって進歩してきた。最も重要で先駆的な発明のいくつかは名前も出自も全く分からないような人々によって成し遂げられたのだ。これらは人類の共通遺産であり，ある特定の文化や国家に属するものではない。インドやアラビアが起源の数の体系が英国の文化に無関係だからといって，イギリス人の生徒に数の使い方を教えないというようなことがあるだろうか。何千年も前にアテネの洞窟で創作された戯曲は，それを発見したという理由から現代の英国の上流階級の所有物であると主張していいものか。ジョンソンの仲間で貿易関係の労働組合員の1人であるロバート・トレッセル（Robert Tressell）は，なぜこのような主張が誤りであるかについて次のように述べている。

　　我々の祖先から受け継がれてきた知識の集積である文明と呼ばれるものは，何千年にもわたる人類の思考と労苦の産物である。それは，現在も存

在しているある特定の階級の祖先の労苦の結果ではないので，全人類共通の財産であるということが正当であろう。この世に生まれてきたすべての子供は，賢かろうとそうでなかろうと，身体的に健常であろうと足に不具を抱えていようと，あるいは目が不自由であろうと，また他の側面でいかに仲間たちから抜きんでていようとも劣っていようとも，少なくともある一点においては皆平等なのである。それは，誰もがこれまでのすべての時代が残した遺産の継承者の1人であると言うことである[44]。

『英国の労働者階級の知的生活』という著書の中で，ジョナサン・ローズは19世紀末と20世紀初頭における労働者階級の人々の並外れた独学ぶりについて記録している[45]。余暇を使ってシェイクスピアの演劇を上演したり古典文学作品を読んだりしていた製粉工場労働者，炭鉱夫，花売りたちは，文学というものが自分たち以外の人々の文化の一部であるなどとは考えていなかった。それどころか，前にも主張したように，彼らが感じていた関連性というのは，今の学校教育において学習するような狭量で堅苦しいものではなく，はるかに開かれた柔軟なものであった。シェイクスピアやディケンズやミルトンは彼らにとって身近なものであったし，初期の労働運動の推進者の1人であり，労働党の第4代党首であったウィル・クルックス（Will Crooks）も『イリアッド』（イリアス）を最初に読んだ時のことを次のように回想している。

> ある土曜日の午後，仕事帰りに，ある古本屋でホメロスの『イリアッド』を手にすることができたのは幸運であった。夕食後その本を2階——その頃までには2階のある家を手に入れることができていた——に持って行き，ベッドに横たわって読んだ。それは，何と素晴らしい啓示を与えてくれたことだろう。私がそれまで夢にも見たことがないようなロマンスや美しい情景が私の目の前に突然現れたのである。私は雑然としたイースト・エンド地区から魅惑の土地に連れて行かれた。私のような若い労働者にとって，仕事から帰ってきて，古代ギリシャの英雄や妖精や神々の世界に突然迷い込むという経験は，滅多に味わえない贅沢であった[46]。

しかし，マーティン・ジョンソンにとっては，『イリアッド』が代表するような知識はクルックスが属する社会階層（労働者階層）の人々のものではな

く，従ってそういう人々には教えるべきものではなかった。ジョンソンの考えでは，強力な知識に溢れた教育を受けるべきかを決定する要因は，生徒の親が属する社会階層であり，彼の議論は，ハイ・カルチャーというのは「現実として上流階級の生活スタイルに密接に関係している」ものであった[47]。20世紀の大衆教育に対する彼の批判のすべては，それが「そういう生活態度を持つ余裕があり，そこに価値を置く有閑階層，つまり社会的エリートのために必要だと考えらえているカリキュラムを模したものである」という点に尽きる[48]。私には，それこそが20世紀の大衆教育の勝利だと思える。以前は有閑階層の人だけが良質な一般教育を受ける時間があったのに対して，20世紀にはクルックスやトレッセルのような人々の献身のおかげで，誰もが無料で提供される初等教育そして中等教育を受けられるようになったからである。

　知識の指導を望む人たちは人々を19世紀末に連れ戻そうとしているのだ，と言われることがあるが，本当のところはその逆なのである。私たちを19世紀に連れ戻そうとしているのは，知識を教えることを望まない人々の方である。なぜなら，19世紀に思いをはせてみると，その当時のエリートや官僚は，大衆が知識を持つと「御しがたく」，「扇動的」になるという理由から，大衆教育に対して極めて消極的であった。ここに1807年の国会議事録に残されているデイビーズ・ギッディ（Davies Giddy）の主張を紹介する。

　　貧しい労働者階級に教育を与えることは ……　実際には彼らの倫理と幸福にとってマイナスになるであろう。彼らに教育を与えることは，階級によって彼らが運命付けられている農業やその他の産業の従順な肉体労働者になる代わりに，彼らに自らの人生を蔑むことを教えることになるのである。また，そのような教育は，服従を教える代わりに，彼らを党派的で御しがたい人間にしてしまう。それは，製造業が盛んな地域で明らかになったように，扇動的なパンフレットや悪意のある本，そして反キリスト教的な出版物を読むことにつながるからである[49]。

19世紀末と20世紀初頭を振り返ってみれば，大衆教育を制限したいと思っていた人々は極端に保守的であり，強力な知識を大衆にまで与えることは，社会の不平等の基盤を脅かすとして恐れていたことが分かる。知識を持つということが人々に力を与えるという点には，保守派も革新派も同意するだろう。知

識を得ることは物事を変革する方法であるが故に，革新派は大衆に広く知識を与えることを望み，保守派はそうではなかったわけであり，初期の労働運動の主要な目標の1つが教育の無償化であったことの説明もつく。強力な知識自体にはエリート主義的なところは全くなく，エリート主義的という言葉が意味するのは，そのような知識がエリートに帰属するということである。なぜ現代の英国労働運動に携わる人々が，2世紀も前の極端な保守主義者たちと同じ考えを持つに至ったかという点が理解に苦しむところである。

　その理由を考える代わりに，クルックスやトレッセルを発奮させた精神によって，進歩主義運動の諸集団が今も活発に活動している米国の様子を見てみよう。アメリカの教育者ハーシュにとって，すべての生徒に知識取得を保証することは社会正義の問題であり，彼が書いているように，「伝統的な識字文化の形成はまさに政治的，社会的変革のための最も有効な道具である」のである[50]。彼は，公民権運動の最も急進的なグループの新聞である『ブラック・パンサー』(The Black Panther) の1970年代の数号を引用した素晴らしい文章によって，この点を証明している。ハーシュは，このグループが生み出したすべての急進的かつ革命的な文章は，その多くが前に述べたような共有された知識の集合体に依拠していて，その主張の方法は間違いなく保守的なものであると記している。彼は「急進的な思想が述べられた多くのページを調べてみたが，そこにはスペルミスが1つもなかった」とも述べており[51]，「どのような方向で影響力を発揮しようとしても，コミュニケーションの方法において保守的であることが，現代生活において力を効果的に行使するための道である」という結論に至っている[52]。

　ハーシュは，重要な知識を生徒に教えるためのカリキュラムを構築することで，自らの理論を実践に移した。それは，コア・ノレッジ（中核知識）カリキュラム（Core Knowledge curriculum）として知られているが，幼稚園から8年生まで（イングランドのシステムでは1年生から9年生までに相当）のそれぞれの学年で生徒は何を学ぶべきかを説明した詳細で注意深く編纂されたガイドラインから成っている。私はイングランドのカリキュラムで3年間教えたあと，ハーシュのカリキュラムに初めて出会ったのだが，それはチャップマン訳のホメロスを初めて読んだ時のように衝撃的であったと言っても過言ではない。私はその幅広い内容に非常に感銘を受けた。「言語技術」の授業（「英文学と言語」のアメリカ版）に関して，彼のカリキュラムにはチェーホフ，ホーソ

ン，トルストイらの短編，エミリー・ディキンソン，カール・サンドバーグ，ロバート・ブラウニングの詩，生徒たちが綴りを習得すべき単語のリスト，彼らが理解して使えるようになるべき文法用語，そして理解すべき外国語の頻出フレーズが含まれていたのである。歴史のカリキュラムも，年次を追うごとに徐々に積み重ねで学ぶように一貫性を持って編纂されていた。すなわち，学期ごとに無作為に注目する時代を選んで学習するのではなく，生徒たちは1年生でアメリカの先住民のことを学び始め，それからだんだんと時代を追って学習を進め，8年生になると現代を扱う。世界史も並行して学び，古代ギリシャから始まり，産業革命時代，フランス革命，ラテン・アメリカの独立運動というように進んでいく。7年生になると，アメリカ史と世界史は統合され，最近100年の歴史はグローバルな視点から教えられる。7年生と8年生のカリキュラムには，ヨーロッパとアメリカにおける第二次世界大戦（つまり，1939年から1945年の期間）やヨーロッパ植民地主義の衰退などのトピックが含まれる。このカリキュラムを学んでいるアメリカの14歳の生徒は，イングランドのほとんどの16歳の生徒より英国の歴史に詳しくなるであろうと思い，私は衝撃を受けたのである[53]。

アメリカのほとんどの州では，それぞれの学校が自由に独自のカリキュラムを採用することができる。ハーシュのカリキュラムは様々な学校で使われており，驚くほどの成功を収めていることが証明されている[54]。最も顕著な例は，これが1990年代初頭に大きな成功を収めたマサチューセッツ州のカリキュラム改革の基盤として使われたことである。ここにソル・スターン（Sol Stern）による説明を引用する。

> マサチューセッツ州の生徒のテストの点数が記録を更新するほど伸びた「マサチューセッツの奇跡」は，1993年の教育改革条例を州議会が決議したことの必然的結果である。この条例によって，すべての学年に対する知識に基づいた基準と，この新しい基準に関連付けられた厳密な試験体制が確立された。そして，そこで使用された基準は，マサチューセッツ州の改革者たちが認めるように，ハーシュの遺産なのである。
> ハーシュの理論は，それまでは単に説得力を持つだけのものだったが，今ではマサチューセッツ州の教育改革の奇跡的成功により，確固とした実証的支持を得た。州が改革条例を決議する前は，学区ごとに様々な指導方

法がゴチャ混ぜ状態で使用されており，標準的なカリキュラムはなく，アカデミックな内容は無視されていた。それに対して1993年の教育改革条例の1つの要素がハーシュの考えに基づいた学年ごとの知識を基盤とするカリキュラムであった。

　新しい千年紀に入り，マサチューセッツ州の生徒は2年に1度行われる──教育学者が「国の成績表」と呼ぶ──全米学力調査（National Assessment of Educational Progress, NAEP）において，得点の急上昇を達成したのである。2005年のNAEPテストでは，マサチューセッツ州の生徒は4年生と8年生のリーディング（読解）および4年生と8年生の数学において全米1位となり，2007年においてもその偉業は繰り返された。これまで単独の年に2つの学年，そして2つの科目において1位の座を獲得した州はなく，まして2回連続でというのはかつてない快挙であった。もう1つの信頼性の高い試験である国際数学・理科教育調査（the Trend in International Math and Science Studies, TIMSS）においても，マサチューセッツ州の4年生は，昨年の世界ランキングにおいて科学で2位，数学で3位となり，8年生は科学で1位タイ，数学で6位という輝かしい成績を残した（各州はマサチューセッツ州がしたように，自発的に生徒の成績を世界標準，つまり国別の平均と比較・発表することができる）。同年の米国全体の成績は平均10位であった[55]。

　2008年，コア・ノレッジ財団（Core Knowledge Foundation）は，コア・ノレッジ・カリキュラムに基づいた教科書と教授資料を中心に展開する読解プログラムを開発した[56]。このプログラムは幼稚園から2年生までの生徒を対象に3年間実験的にニューヨークで実施され，一般的読解方略を推進する「全般的読解プログラム（balanced literacy reading program）」と比較された。その結果は2012年3月に以下のように発表された。

　　この研究ではコア・ノレッジ・プログラムを使ってリーディング（読解）を学んだ2年生が，比較対象とした他の学校で学習した生徒と比べて，読解テストにおいて有意に高い得点を上げた[57]。

　この実験に参加したある学校の校長は，コア・ノレッジ・プログラムが学力

の低い生徒にもたらした効果について，次のように賞賛していた。

> 「経済的に恵まれていない私の学校の子供たちには，もっと何かが必要であり，コア・ノレッジ・プログラムの実験的実施がそれを与えてくれた。」とグレイディー先生は語った。昨年この学校に所属した700名弱の生徒のうち，88％は貧困層に属していた[58]。

　教育改革において最も難しい仕事の1つは，成績優秀者と成績不振者との間の達成度のギャップを埋めることである。どんなに効果のあるプログラムでもこれを成し遂げるのは困難なのであるが，コア・ノレッジ・リーディング・プログラムによって，すべての生徒が3年間の実施期間を通じてリーディングの得点を伸ばしただけでなく，その効果は入学時により得点が低かった生徒に対して最も顕著に現れたのである[59]。

　この成功を受けて，米国の革新派の多くは熱狂的にハーシュのカリキュラムを歓迎した。最も目立ったのは，アメリカで2番目に大きな教員組合である米国教員連盟（American Federation of Teachers，AFT）が彼の考えとカリキュラムを強く支持したことであった。AFTは右翼的な組織では全くなく，実際，彼らは英国教職員組合（National Union of Teachers，NUT）と協力してフリー・スクールやチャーター・スクール[訳注2]に対抗するための戦略を共有する関係にある。2012年6月には，NUTの副事務総長であるケビン・コートニー（Kevin Courtney）が，ボルチモアとフィラデルフィアでAFTのメンバーと意見交換した際に得た貴重な知見を高く評価している[60]。

　AFTはチャーター・スクールと対立しながら，ハーシュのコア・ノレッジ・カリキュラムのサポートに多くの時間と労力を費やしてきた。AFT会長であるランディ・ワインガーテン（Randi Weingarten）は折にふれてはコア・ノレッジ・カリキュラムの利点について語り，ハーシュの最新の著書のカバーに次のような推薦文を載せている。「今やこれまで以上に彼の提唱するような授業が我々の賢明な常識の一部となることが必要なのである。」[61] また，AFTの財務部長であるトニ・コルテセ（Toni Cortese）は，知識を多く盛り込んだカリキュラムを支持する組織である共通コア財団（Common Core Foundation）の理事でもあり[62]，AFTの機関誌である *American Educator* はしばしばハーシュやコア・ノレッジ財団の指導的な人物によって書かれた文章を掲載

している[63]。おそらくチャーター・スクールやフリー・スクールに対して世界中で最も批判的な学者であるダイアン・ラビッチ（Diane Ravitch）も，コア・ノレッジの考え方を長期間にわたり声高に支持している。実は，ハーシュに有名な『文化リテラシー』（*Cultural Literacy*）を書くよう説得したのは彼女なのである[64]。ハーシュ自身は民主党員であり，自分のことを穏健的社会主義者であると述べており，著書の1つを彼の思想に大きな影響を与えてきたアントニオ・グラムシ（Antonio Gramsci）に奉げている[65]。

　まとめると，知識を教えることにはそれを支持する強力な進歩主義的根拠があり，過去のそして現在の進歩主義者たちもこのことを認識している。知識は人を洗脳するのではなく，人を解放するのである。

注

1) Berger, P.L. and Luckmann, T. *The Social Construction of Reality: A Treatise in the Sociology of Knowledge.* London: Penguin Books, 1991.
2) Young, M.（ed.）. *Knowledge and Control: New Directions for the Sociology of Education.* London: Collier Macmillan, 1971.
3) Young, M. An approach to the study of curricula as socially organised knowledge. In: Young, M.（ed.）*Knowledge and Control: New Directions for the Sociology of Education.* London: Collier Macmillan, 1971, p. 32.
4) Apple, M. *Ideology and Curriculum.* 3rd edn. New York: RoutledgeFalmer, 2004, p. 4.
5) Kelly, A.V. *The Curriculum: Theory and Practice.* 6th edn. London: SAGE, 2009, p. 40.
6) 同上，p. 41.
7) Whitty, G. *Sociology and School Knowledge: Curriculum Theory, Research, and Politics.* London: Methuen, 1985, p. 2.
8) White, J. What schools are for and why. Impact No. 14（2007）, pp. 2 and 22, www.philosophy-of-education.org/uploads/14_white.pdf（accessed 6 March 2013）.
9) Association of Teachers and Lecturers. Subject to change: new thinking on the curriculum（2007）, pp. 72 and 101, www.atl.org.uk/Images/Subject%20to%20change.pdf（accessed 6 March 2013）.
10) 同上，p. 61
11) *Telegraph.* Schools should teach skills, not subjects（2008）, www.telegraph.co.uk/news/uknews/2071224/Schools-should-teach-skills-not-subjects.html（accessed 6 March 2013）; White, J. What schools are for and why. Impact No. 14（2007）, pp. 2, 20-23, www.philosophy-of-education.org/uploads/14_white.pdf（accessed 6 March 2013）.
12) Apple, M. *Ideology and Curriculum.* 3rd edn. New York: RoutledgeFalmer, 2004.
13) 第6版の情報の中に次のように書かれている。「非常に高く評価されている本であり，カリキュラムに関しての古典であるともいえる。現代の公式出版物全体に対して，うまくバランスを取るように働く著作である。この本の強みの1つは全体を通して首尾一貫した議論がなされていることである。著者の博識と経験のなせる業である。」

Jenny Houssart, Senior Lecturer, Department of Learning, Curriculum & Communication, Institute of Education, University of London, UK.
14) *Telegraph.* Schools should teach skills, not subjects（2008）, www.telegraph.co.uk/news/uknews/2071224/Schools-should-teach-skills-not-subjects.html（accessed 6 March 2013）
15) Kelly, A.V. *The Curriculum: Theory and Practice.* 6th edn. London: SAGE, 2009, p. 40.
16) White, J. What schools are for and why. Impact No. 14（2007）, p. 47, www.philosophy-of-education.org/uploads/14_white.pdf（accessed 6 March 2013）.
17) Brown, M. and White, J. An unstable framework – Critical perspectives on the framework for the National Curriculum（2012）, www.newvisionsforeducation.org.uk/2012/04/05/an-unstable-framework/（accessed 6 March 2012）.
18) Office for Standards in Education, Children's Services and Skills. Moving English forward: Action to raise standards in English（2012）, p. 23, www.ofsted.gov.uk/resources/moving-english-forward（accessed 6 March 2013）.
19) Office for Standards in Education, Children's Services and Skills. Making a mark: art, craft and design education 2008-11（2012）, p. 38, www.ofsted.gov.uk/resources/making-mark-art-craft-and-design-education-2008-11（accessed 6 March 2013）.
20) Office for Standards in Education, Children's Services and Skills. Transforming religious education: Religious education in schools 2006 09（2010）, p. 15, www.ofsted.gov.uk/resources/transforming-religious-education（accessed on 6 March 2013）.
21) Office for Standards in Education, Children's Services and Skills. Excellence in English: What we can learn from 12 outstanding schools（2011）, p. 16, www.ofsted.gov.uk/resources/excellence-english（accessed 6 March 2013）.
22) Office for Standards in Education, Children's Services and Skills. Moving English forward: Action to raise standards in English（2012）, p. 23, www.ofsted.gov.uk/resources/moving-english-forward（accessed 6 March 2013）.
23) Office for Standards in Education, Children's Services and Skills. Moving English forward: Action to raise standards in English（2012）, pp. 4, 23, 32, 52, www.ofsted.gov.uk/resources/moving-english-forward（accessed 6 March 2013）.
24) 本書の付録を参照のこと。http://www.routledge.com/books/details/9780415746823。次のそれぞれの単元は文学的，文法的内容を含んでいる。2-6, 8, 9, 11, 14, 19, 22, 25, 26, 32。
25) White, J. What schools are for and why. Impact No. 14（2007）, p. 12, www.philosophy-of-education.org/uploads/14_white.pdf（accessed 6 March 2013）.
26) Brown, M. and White, J. An unstable framework – Critical perspectives on the framework for the National Curriculum（2012）, www.newvisionsforeducation.org.uk/2012/04/05/an-unstable-framework/（accessed 6 March 2012）.
27) Tawney, R.H. *The Radical Tradition: Twelve Essays on Politics, Education and Literature.* Harmondsworth: Penguin, 1966, pp. 87-88.
28) Beveridge, W. *Full Employment in a Free Society: A Report.* London: George Allen and Unwin, 1944, p. 380.
29) Jefferson, T. Letter to Charles Yancey（6 January 1816）（2012）, www.monticello.org/site/jefferson/quotations-education（accessed 6 March 2013）.

30) Hansard Society. Audit of Political Engagement 10: The 2013 Report (2013), p. 35, http://tinyurl.com/lvc6mlf (accessed 20 May 2013).
31) 同上, p. 33.
32) Willingham, D.T. *Why Don't Students Like School?* San Francisco: Jossey-Bass, 2009, p. 47.
33) 同上.
34) Willinsky, J. The vocabulary of cultural literacy in a newspaper of substance. Paper presented at the Annual Meeting of the National Reading Conference, 29 November-3 December 1988, Tucson, Arizona, USA; Hirsch, E.D., Kett, J.F and Trefil, J.S. *The New Dictionary of Cultural Literacy*. Boston: Houghton Mifflin, 2002.
35) Core Knowledge Foundation. Core Knowledge at a Glance (2013), http://www.coreknowledge.org/media (accessed 6 March 2013);Stern, S.E.D. Hirsch's curriculum for democracy (2009), www.city-journal.org/2009/19_4_hirsch.html (accessed 6 March 2013).
36) Transcription of an address delivered by Maya Angelou at the 1985 National Assembly of Local Arts Agencies, Cedar Rapids, Iowa, USA, 12 June 1985; Garber, M. *Profiling Shakespeare*. New York: Routledge, 2008, p. 117.
37) *Guardian*. British Museum Shakespeare exhibition to include prized Robben Island copy (2012), www.guardian.co.uk/culture/2012/jul/17/british-museum-shakespeare-exhibition-robben-island (accessed 6 March 2013).
38) BBC Radio Four. Shakespeare's Restless World: Shakespeare Goes Global (2012), www.bbc.co.uk/radio4/features/shakespeares-restless-world/transcripts/shakespearegoesglobal/ (accessed 6 March 2013).
39) Willingham, D.T. *Why Don't Students Like School?* San Francisco: Jossey-Bass, 2009, p. 48.
40) 同上.
41) Common Core Foundation. Why we're behind: What top nations teach their students but we don't (2009), www.commoncore.org/_docs/CCreport_whybehind.pdf (accessed 4 March 2013); Ruddock, G. and Sainsbury, M. Comparison of the core primary curriculum in England to those of other high performing countries (2008), www.education.gov.uk/publications/eOrderingDownload/DCSF-RW048v2.pdf (accessed 6 March 2013).
42) Young, M. Curriculum theory and the problem of knowledge: a personal journey and an unfinished project. In: Short, E.C. and Waks, L.J. *Leaders in Curriculum Studies: Intellectual Self-Portraits*. Rotterdam: Sense Publishers, 2009, p. 220.
43) Rose, J. *The Intellectual Life of the British Working Classes*. New Haven: Yale University Press, 2002, p. 4.
44) Tressell, R. *The Ragged Trousered Philanthropists*. Oxford: Oxford University Press, 2005, p. 23.
45) Rose, J. *The Intellectual Life of the British Working Classes*. New Haven: Yale University Press, 2002, p. 4.
46) Haw, G. *From Workhouse to Westminster: The Life Story of Will Crooks, M.P.* London: Cassell, 1907, p. 23.
47) Association of Teachers and Lecturers. Subject to change: new thinking on the curric-

ulum (2007), p. 101, www.atl.org.uk/Images/Subject%20to%20change.pdf (accessed 6 March 2013).
48) 同上..
49) Davies, G. Parochial Schools Bill. Hansard, 9: cc798-806, 13 June 1807 (2013), http://hansard.millbanksystems.com/commons/1807/aug/04/parochial-schools-bill (accessed 6 March 2013).
50) Hirsch, E.D. *Cultural Literacy: What Every American Needs to Know*. Boston: Houghton Mifflin, 1987, p. 22.
51) 同上, p. 23.
52) 同上..
53) Core Knowledge Foundation. Core Knowledge Sequence: Content and Skill Guidelines for Grades K-8, Core Knowledge Foundation, 2010 (2010), www.coreknowledge.org/mimik/mimik_uploads/documents/480/CKFSequence_Rev.pdf (accessed 6 March 2013).
54) Core Knowledge Foundation. How Do We Know This Works? An Overview of Research on Core Knowledge (2004), www.coreknowledge.org/mimik/mimik_uploads/documents/106/How%20Do%20We%20Know%20This%20Works.pdf (accessed 6 March 2013).
55) Stern, S.E.D. Hirsch's curriculum for democracy (2009), www.city-journal.org/2009/19_4_hirsch.html (accessed 6 March 2013).
56) Education News. An Interview with Matthew Davis: Core Knowledge in New York City (2008), www. educationnews. org/articles/28832/1/An-Interview-with-Matthew-Davis-Core-Knowledge-in-New-York-City/Page1.html (accessed 6 March 2013).
57) *The New York Times*. Nonfiction curriculum enhanced reading skills, study finds (2012), www.nytimes.com/2012/03/12/nyregion/nonfiction-curriculum-enhanced-reading-skills-in-new-york-city-schools. html? _r=3&ref=education&%20Accessed& (accessed 6 March 2013).
58) 同上..
59) Research and Policy Support Group. *Evaluating the NYC Core Knowledge Early Literacy Pilot: Year 3 Report*. New York: New York Department of Education, p. 10.
60) American Federation of Teachers. International Update: The AFT at work in the world (2012), www. aft. org/pdfs/international/AFT_NUT_report0912. pdf (accessed 6 March 2013).
61) Hirsch, E.D. *The Making of Americans: Democracy and our Schools*. New Haven: Yale University Press, 2009, back cover.
62) Common Core. Profile of Antonia Cortese (2011), www.commoncore.org/wwa-trust-ac.php (accessed 6 March 2013).
63) American Federation of Teachers. *American Educator*. Index of Authors, (F-J) (2013), www.aft.org/newspubs/periodicals/ae/authors2.cfm (accessed 6 March 2013).
64) The Core Knowledge Blog. The Sharpton-Klein education reform agenda. Guest blogger: Diane Ravitch (2008), http://blog.coreknowledge.org/2008/06/23/the-sharpton-klein-education-reform-agenda/ (accessed 6 March 2013).
65) Education Sector. Core convictions: An interview with E.D. Hirsch (2006), www.educationsector.org/publications/core-convictions (accessed 6 March 2013); Hirsch, E.D., *The Schools We Need and Why We Don't Have Them*. New York: Anchor, 1999, pp. 6-7.

訳注
1 「ホット・シーティング」というのは，ドラマの授業でよく使われる手法で，ある物語の役に扮した生徒を教室の真ん中，あるいは前方の椅子に座らせ，クラスの生徒がその椅子（hot seat）に座っている生徒にどんどん質問を浴びせかけるというものである。
2 アメリカにおいて州政府とチャーター（特許状，特許契約書）を交わしたうえで，保護者，教師，地域団体などが公費で自主運営する公立学校。

結論

　本書全体を通して私は，教育方法に関しては同意できない多くの人々と教育目的については共有していることを強調しようとしてきた。私は，教育とは，自信に満ち，想像力豊かで問題解決能力がありクリティカルに考えることができる生徒を輩出することを目指すべきであるということには賛同するし，生徒たちに21世紀に十分対処できるような準備をさせるべきであるということにも賛同する。また，単に成績が良い生徒だけでなく，すべての生徒に合うような教育システムを設計していかなくてはならないということにも同意するし，教育というものは民主主義と平等主義を考慮したものであるべきという意見にも賛同する。生徒たちは能動的な学習者であるべきであり，授業は魅力のあるものでなくてはならないということにも同意する。これらのことをすべて信じるが故に，私は現在の教育システムに強い懸念を抱いているのである。簡単に言えば，これらの目的を達成するために現在用いられている方法が機能していないからである。

　なぜ機能していないかというと，それは知識を教えることに対して，時代遅れの疑似科学によって着せられた見当違いの汚名のせいである。知識の重要性についての証拠は明確に存在する。なぜ知識が認知の根本であるのかを説明する盤石な理論的モデルがあり，知識を教えるカリキュラムの成功についても明白な実証的証拠がある。そして，知識の有効な伝達を促進する教授法の成功についての明白な実証的証拠も示されている。もし，私たちが事実を教えることに失敗すれば，生徒は学び自体に失敗することになるのである。

　しかし，これまで見てきたように，イングランドの教育システムの中では，このような現実はほとんど知られていないし，教えられてもおらず，それが意

味することは驚きに値する。それは，少数の不明瞭な理論を間違って理解したと言うだけでは済まされない。科学的根拠に乏しいブレイン・ジム・プログラムが非常に多くの学校に採用されるようになった経緯がベン・ゴールドエイカー（Ben Goldacre）によって明らかにされた時，人々は当然のことながらショックを受けた[1]。しかし，ここで私たちが検討している現象は，それよりはるかに悪質なものである。つまり，私たちの教育システムを支える根本的な考え方が誤っているのである。脳がどのように学習するかに関する科学的証拠に照らして今の教育システムの設計を見ると，教育システム自体が教育を積極的に妨害していると結論付けざるを得ない。もし，私たちのカリキュラムが学びを促進するものであるならば，それは中核的で一貫性があり，かつ順を追って配列された知識の体系を規定しなければならない。それなのに，今の教育システムは教えるべき知識を特定することもなく，知識をスキルに比べて重要性が低いものとして扱う。もし，私たちの指導法が学びを促進させるものならば，教師主導の指導と助言に導かれた実践の重要性がもっと認識されるであろう。ところがそれとは逆に，教師は生徒に指示をせず，教師による誘導のないプロジェクトを促進するよう奨励されている。もしすべての生徒が16歳になるまでに効果的な読解力を身に付けることを保証したいのであれば，彼らが知るべき重要な文化的知識を徐々に積み重ねて教えていくことに焦点を当てるべきである。それなのに，学校は一貫性のない，しばしば些末な情報を教えていて，しかもそれらの多くは生徒がすでに知っているものであるのが現状である。

　そのような誤った理論を推し進めていた教育システムの下で働いていた私自身の個人的経験について，もっと逸話風に述べてみたいと思う。神話7で私は，ある特定の考えや実践が1つの制度の中でどのように人々に受け入れられるようになるのかを説明するために，多くの教育理論家が覇権（ヘゲモニー）という概念を使いがちであるとした。覇権というのは都合のよい概念であり，この本の中で議論してきた神話（myth）自体が教育システムの中で覇権的性格を持っていると主張したい。教育を議論する時には，遅かれ早かれこれらの神話のどれかには必ず遭遇する。覇権を論じる理論家が認識しているように，覇権主義的考え方の最も強力な点は，それらが当然で常識的なものであるように見えることである。それらは，まさに普通の日常生活の一部になっているので，異議を唱えるのが非常に難しい。なぜなら，異議を唱える必要が何もない

ように思われるからである。

　しかし，覇権を論じる理論家も認識しているように，覇権的考えというものは目に見えないいくつかの過程に依存している。1つの方法は，対立する証拠をすべて隠蔽してしまうことである。私は教師になるための訓練を受け，3年間教壇に立ち，数多くの現職教員研修に出席し，教育に関するいくつかの論文を書き，教育政策にも厳密に従ってきたが，その間私が議論してきたような知識の指導を擁護する証拠に出会ったことはなかったし，ましてや，誰かがそれを提唱するのを実際に聞いたこともなかった。ハティーのもとで研修を受けていた人たちが直接的指導法の成功を聞いた時に怒りを感じた様子を彼は書き残していたが，これは私にも当てはまる。3年の間，私はもっと効果的な指導法が使えることを全く知ることもなく，生徒への指導を向上させようと日々苦闘していた。私は，生徒たちが完全に間違った概念についてグループで散漫に話しているのを黙って観察することに授業時間のすべてを費やし，問題なのは私が指示を与えすぎるからだと思い込んでいた。私たちは，主な教員養成機関や監査機関が，全く信頼性に欠ける考えを奨励することをやめ，私たちがそれよりはるかに科学的裏付けのある理論の学習にもっと多くの時間を費やせるような改革を行う必要があると訴えたい。

　しかしながら，問題の核心は考え方の方にあり，組織にはない。序論で，私は考え方の影響力に関するケインズの分析に触れた。体制や構造の改革にも価値があるかもしれないが，欠陥のある考えに私たちが依存していること自体が最も変革されねばならないことである。危機にさらされているのは，すべての生徒に対する教育，特に最も恵まれていない生徒たちへの教育である。私たちが，知識が持つ強力で人を解放してくれるような力を教育体制の中心に据えない限り，生徒が落ちこぼれていくのを救うことができないし，不平等はより広がることであろう。

注
1)　Goldacre, B. *Bad Science*. London: Fourth Estate, 2008, pp. 13-20.

訳者あとがき

　私たちの専門分野は英語教育であり，イングランドの初等・中等教育について問題を提起している本書の訳者として十分な見識や背景知識があったとは言えません。しかし，たまたまイギリスで話題になっていた本書を読んだ時，言語教育に関わる私たちが，常々疑念や懸念を持っていた問題が明確に提示・分析され，解決法への詳細な提案がなされていることに感銘を受けました。特に，日本でも最近学習指導要領などに取り上げられ，大きな潮流となっている「主体的・対話的で深い学びと創造的思考の養成」やそれを実現するアクティブ・ラーニングについて，それ自体に反対している訳ではありませんが，「まず，基礎的知識の習得，特にしっかりしたリタラシー教育がなければ，考える力を育てる土台となるものが無いのではないか？」という私たちの漠然とした懸念に，この本は多くの答と問題解決へのヒントを与えてくれました。同じような懸念をお持ちの教育に関わる方々とそれを共有できたらという強い思いから，本書の翻訳を決意し，その後様々な方々のご協力により出版に至ることができました。

　2018年9月にロンドンで著者のDaisy Christodoulou氏に直接お会いして，日本とイギリスの教育の現状と問題点について意見交換できたことは貴重な体験であり，日本の読者へのメッセージも書いて頂くことができました。千葉大学のベバリー・ホーン先生は，読者のためにイギリスの教育制度や現状に関する冒頭の補足説明を書いて下さっただけでなく，翻訳全体に関して様々な情報や助言を提供して下さいました。また，関西学院大学宮本健市郎教授には，ご専門の教育学の見地から，東京工業大学名誉教授赤堀侃司先生には，教育工学の見地から貴重なご助言を頂きました。そして，東海大学出版部の小野朋昭氏

には版権取得から出版に至るまで，幾度もの校正段階で多大なご尽力を頂きました。この場を借りて皆様に心から御礼申し上げます。

　グローバルで混沌とした21世紀を生き抜いていかなければならない子供たちや若者に対して，私たち教育者は今どのような教育をすべきなのかという問題は，国境や専門分野を超えて教育者全員で考えていかなければなりません。本書が教育に携わる方々にとってそれを考えていくきっかけや一助になることを願っております。

2018年11月　訳者一同

本書に登場する著名な教育者・研究者の書籍の主要な邦訳版

訳者による補足

　本書の理解をさらに進めたい読者のために，本書に登場する著名な教育者・研究者の書籍の主要な邦訳版を以下に紹介します．ここに挙げたものは，彼らの邦訳書の一部ですが，本書で扱う教育の背景を知る上でも，役立つと考えています．

マイケル・アップル

『教育と権力』浅沼茂・松下晴彦訳，日本エディタースクール出版部，1992. 原著は *Education and Power*（1982）

『オフィシャル・ノレッジ批判―保守復権の時代における民主主義教育』野崎与志子・井口博充・小暮修三・池田寛訳，東信堂，2007. 原著は *Official Knowledge: Democratic Education in a Conservative Age*（1993）

『右派の/正しい教育―市場，水準，神，そして不平等』大田直子訳，世織書房，2008. 原著は *Educating the 'Right' Way: Markets, Standards, God, and Inequality*（2001）

イバン・イリッチ

『脱学校の社会』東洋・小澤周三訳，東京創元社，1977. 原著は *Deschooling Society*（1971）

ジェフ・ウィッティ

『学校知識カリキュラムの教育社会学：イギリス教育制度改革についての批判的検討』久冨善之・久冨善之・松田洋介・長谷川裕・山田哲也・梅景優

子・本田伊克・福島裕敏訳, 明石書店, 2009. 原著は *Sociology and school knowledge: curriculum theory, research, and politics*（1985）

E. D. ハーシュ

『教養が，国をつくる：アメリカ建て直し教育論』中村保男訳，TBS ブリタニカ，1989. 原著は *Cultural Literacy*（1988）

『アメリカ教養辞典：神話から科学技術まで』Joseph F. Kett, James Tref との共著，中村保男・川成洋監訳，丸善，2003. 原著は *Dictionary of cultural literacy*（2nd ed., 1993）

パウロ・フレイレ

『被抑圧者の教育学』三砂ちづる訳，亜紀書房，2018. 原著は *Pedagogia do Oprimido*（1968），最初の翻訳は1979年（小沢有作他訳）になされたが，原著50周年記念版の新訳.

『自由のための文化行動』柿沼秀雄訳，亜紀書房，1984. 原著は *Cultural Action for Freedom*（1970）

『希望の教育学』里見実訳，太郎次郎社，2001. 原著は *Pedagogia da esperança*（2nd ed., 1997）

ピーター・バーガー，トーマス・ルックマン

『現実の社会的構成：知識社会学論考』（新版）山口節郎訳，新曜社，2003. 原著は *The social construction of reality: a treatise in the sociology of knowledge*（1967）

ダイアン・ラビッチ

『学校改革抗争の100年―20世紀アメリカ教育史』末藤美津子・宮本健市郎・佐藤隆之訳，東信堂，2008. 原著は *Left Back: A Century of Battles over School Reform*（2000）

索引

人名

アインシュタイン，アルバート（Einstein, Albert） 85
アシモフ，アイザック（Asimov, Isaac） 79
アップル，マイケル（Apple, Michael） 150, 179
アルキメデス（Archimedes） 56, 79
アンジェルー，マヤ（Angelou, Maya） 159
アンダーソン，J. R.（Anderson, John R.） 33, 114
イリッチ，イバン（Ilich, Ivan） 58, 179
ウィッティ，ジェフ（Whitty, Geoff） 149, 150, 179
ウィーラー，スティーブ（Wheeler, Steve） 71, 86, 123
ウィリアム，ディラン（Wiliam, Dylan） vii
ウィリンガム，ダン（Willingham, Dan） 34, 36, 109, 116, 133, 138, 139, 158, 159, 160
ウィルビー，ピーター（Wilby, Peter） 28
ウォーターズ，ミック（Waters, Mick） 28, 29

エイブラムズ，フラン（Abrams, Fran） 136
エウリピデス（Euripides） 79
エチェバリア，アン・デ（A' Echevarria, Anne de） 125, 129
エリザベス皇太后（Queen Mother） 161
エンゲルマン，シーグフリード（Engelmann, Siegfried） 61, 62
オバートン，ジョン（Overton, Jon） 87
オーベンス，ピーター（Ovens, Peter） 47, 124
カーシュナー，P. A.（Kirschner, Paul A.） 30, 60, 138
カービー，ジョー（Kirby, Joe） x, 34
ギッディ，デイビーズ（Giddy, Davies） 163
クィグリー，クリス（Quigley, Chris） 105
クラーク，アーサー・C（Clarke, Arthur C.） 118
クラーク，R. E.（Clark, R. E.） 60
クラクストン，ガイ（Claxton, Guy） 101, 102, 103, 106
グラッドグラインド，トマス（Gradgrind, Thomas） 23, 24, 47, 73, 136

グラムシ，アントニオ（Gramsci, Antonio）
168
クルックス，ウィル（Crooks, Will） 162,
163,164
ケインズ，ジョン・メイナード（Keynes,
John Maynard） 16
ケリー，ビック（Kelly, Vic） 148,150
コートニー，ケビン（Courtney, Kevin）
167
コルテセ，トニ（Cortese, Toni） 167
ゴールドエイカー，ベン（Goldacre, Ben）
vii, ix, 78, 174
ゴールマン，ダニエル（Goleman, Daniel）
107
サイモン，ハーバート（Simon, Herbert）
iv, 14, 30, 110, 111, 112, 113, 114
サンガー，ラリー（Sanger, Larry） 81
シェイクスピア（Shakespeare, William）
35, 36, 37, 63, 86, 128, 139, 154, 159, 162
ジェファーソン，トーマス（Jefferson,
Thomas） 156
シェヤー，マイケル（Shayer, Michael）
13
ジョーンズ，チッパー（Jones, Chipper）
97,116
ジョンソン，マーティン（Johnson, Martin）
77,81,149,161,162
スウェラー，J.（Sweller, J.） 60
スターン，ソル（Stern, Sol） 165
タプスコット，ドン（Tapscott, Don）
87
チェイス，ウィリアム（Chase, William）
110
チャーチル，ウィンストン（Churchill,
Winston） 63, 64, 140
ディケンズ，チャールズ（Dickens, Charles）
23, 24, 73, 95, 162
デ・グルート，アドリアン（de Groot,
Adriaan） 110

デューイ，ジョン（Dewey, John） 16,
17, 22, 23, 24, 27, 29, 30, 34, 44, 47, 54,
61,82
トーニー，R. H.（Tawney, R. H.） 156
トレッセル，ロバート（Tressell, Robert）
161,163,164
ニュートン（Newton, Isaac） 56, 57,
79,80
ハイマン，ピーター（Hyman, Peter）
76
バーガー，P. L.（Berger, Peter Ludwig）
147,180
ハーシュ，E. D.（Hirsch, E. D.） v, 34,
93, 94, 110, 111, 117, 158, 164, 165, 166,
167, 168, 180
ハティー，ジョン（Hattie, John） 60,
61,175
ハリー王子（Prince Harry） 161
ビア，ジャッキー（Beere, Jackie） 115
ピタゴラス（Pythagoras） 79
ファインマン，リチャード（Feynman,
Richard） 133
ファラデー，マイケル（Faraday, Michael）
161
フィッシャー，ポール（Fisher, Paul）
87
ブラッドマン，ドン（Bradman, Don）
97
ブランデン，J.（Blanden, Jo） 9
ブルーナー，ジェローム（Bruner, Jerome）
56
ブルーム，B. S.（Bloom, Benjamin S.）
29,34
フレイレ，パウロ（Freire, Paulo） 16,
22, 23, 24, 27, 30, 34, 45, 46, 47, 50, 54,
58, 61, 180
ベバリッジ，ウィリアム（Beveridge,
William） 156, 157
ボイヤー，カール（Boyer, Carl） 79

ホビー，ラッセル（Hobby, Russell） 74
ホフスタッター，リチャード（Hofstadter, Richard） 16
ホワイト，ジョン（White, John） 149, 150, 151, 155
マシューズ，デレク（Matthews, Derek） 12
マチン，S.（Machin, Stephen） 9
マンデラ，ネルソン（Mandela, Nelson） 159
ミラー，ジョージ（Miller, George） 92
ミリバンド，デイビッド（Miliband, David） 101
モーガン，ニッキー（Morgan, Nicky） 7
ヤング，マイケル（Young, Michael） 148, 150, 160
ライヒ＝ラニツキー，マルセル（Reich-Ranicki, Marcel） 159
ラビッチ，ダイアン（Ravitch, Diane） 81, 168, 180
ルソー，ジャン＝ジャック（Rousseau, Jean-Jacques） iv, 21, 22, 24, 25, 27, 30, 34, 43, 44, 46, 47, 54, 58
ルックマン，T.（Luckmann, Thomas） 147, 180
レズリー（Leslie） 116, 117
レヒト（Recht） 116, 117
ローズ，ジョナサン（Rose, Jonathan） 161, 162
ロバーツ，ジョン（Roberts, John） 80
ロビンソン卿，ケン（Robinson, Sir Ken） 73
ワインガーテン，ランディ（Weingarten, Randi） 167

事項

アルファベット
ActiveHistory 131, 138
AFT ⇒ 米国教員連盟
ATL ⇒ 教師・講師協会
Futurelab 88, 93, 96
GCSE 4, 5, 6, 7, 9, 11, 12, 19, 122, 136, 144
Mr Men 141
NAEP（National Assessment of Educational Progress） ⇒ 全米学力調査
NC ⇒ ナショナル・カリキュラム
NUT（National Union of Teachers） ⇒ 英国教職員組合
OECD 74
Ofsted 6, 7, 15, 16, 25, 46, 47, 48, 49, 52, 54, 55, 57, 58, 61, 62, 64, 75, 76, 89, 90, 95, 96, 102, 105, 108, 115, 124, 126, 127, 128, 138, 141, 142, 151, 154, 155
REAL（Realistic Experience for Active Learning） 129
RSA ⇒ 王立技芸協会
Teachit 137
TIMSS（Trends in International Mathematics and Science Study） ⇒ 国際数学・理科教育調査

ア
アカデミー・スクール 2, 3, 14
アクティブ・ラーニング 129, 131, 177

エ
英国教職員組合（NUT） 167

オ
王立技芸協会（RSA） 73, 75, 82, 88, 96, 103, 104, 125, 126
『大いなる遺産』 95, 154
オープニング・マインズ 75, 76, 88, 96, 103, 104, 105, 109, 115, 125, 126

カ
学習スタイル　107,115
カーゴ・カルト　133,142
感情知能　104,107
カンピオン校　104,107,108,115
キ
キーステージ　3,4,25,104,105
教育水準局　⇒　Ofsted
教師・講師協会（ATL）　29,74,77,78,
　　87,103,129,149,150
共通コア財団（Common Core Foundation）
　　167
ク
グラマー・スクール　2,35,149
コ
コア・コンピテンス　70,71,88,103
コア・ノレッジ（中核知識）　158,164,
　　166,167,168
コア・ノレッジ学校　v,vi
コア・ノレッジ財団　vi,166,167
国際数学・理科教育調査（TIMSS）　viii,
　　ix,166
サ
作業記憶　iii,31,32,59,60,62,91,92,135
サットン・トラスト　9
シ
資格カリキュラム局　28
思考スキル　28,29,107
自立学習　57,58,62,89,95,129
ス
スキーマ　33,115,116
セ
宣言的知識　86
全米学力調査（NAEP）　167
ソ
総合制学校　2,13,149
タ
多重知能　107
探求型（学習）　59,60

チ
チャーター・スクール　167,172
中核知識　⇒　コア・ノレッジ
中核知識学校　⇒　コア・ノレッジ学校
中等教育修了一般資格試験　⇒　GCSE
長期記憶　iii,30,31,32,33,34,35,59,
　　60,91,92,110,111,114,116,132,138,
　　139
直接的指導法　61,62,63,175
ツ
積み荷信仰　⇒　カーゴ・カルト
テ
手続的知識　86
転移可能なスキル　17,18,29,73,101,
　　102,103,104,106,107,108,115,119
ナ
ナショナル・カリキュラム（NC）　3,4,
　　25,27,29,36,38,47,104,105,109,129,
　　136,142,148,149,150
ニ
21世紀型教育　77,101
21世紀型スキル　69,70,71,73,75,76,
　　77,78,81,82,85,111
認知構造　30,41（訳注）
ハ
背景知識　32,36,60,92,109,132,135,
　　157,177
発見学習　iii,vii,113
『ハード・タイムズ』　23,24
ハンサード協会　157
フ
『ブラック・パンサー』　164
フリー・スクール　14,167
ブルームの分類表　34
ブレイン・ジム　107,115,174
プロジェクト型学習（アプローチ）　iii,
　　6,17,60,75,82,103,104,105,108,123,
　　126,128,129,131,132,135,136,137,
　　138,140,141,151,174

へ
米国教員連盟（AFT）　167
『変革が起こる』　73,78
『変革の下に』　29,74,150
ホ
ポートフォリオ　6
マ
『マクベス』　128,135,154
マサチューセッツ　158,165,166

メ
メタ認知　107,108
モ
問題解決（能力, スキル）　13,31,34,
　　54,59,60,70,74,77,98,102,103,112,
　　113,129,133,134,135,173,177
ロ
『ロメオとジュリエット』　129,139,154
ロンドン大学教育研究所　148,150

監訳者・訳者紹介

松本佳穂子（まつもと　かほこ）東海大学国際教育センター英語教育部門教授
東京外国語大学英米語学科卒業，米国コロンビア大学教育学部大学院修士課程修了。文学修士（応用言語学）および教育学修士（英語教授法）。東京工業大学理工学研究科人間行動システム博士課程修了（学術博士）。著書（共著）に『言語文化の諸相』（メディアランド），『言語研究と量的アプローチ』（金星堂），『言語をめぐる X 章』（埼玉大学教養学部リベラル・アーツ叢書）など。専門は社会言語学，言語評価学。

Beverley Horne（ベバリー　ホーン）千葉大学教育学部准教授
英国オクスフォード大学言語外国部卒業，アストン大学研究科修了。理学修士（英語教教育学），レスター大学教育学研究科修了（教育学博士）。専門は英語教育，異文化理解教育。

大井恭子（おおい　きょうこ）清泉女子大学文学部教授
東京大学文学部英語英文学科卒業，ニューヨーク州立大学ストーニー・ブルック校言語学科大学院博士課程修了。文学博士（応用言語学・英語教授法）。千葉大学名誉教授。現在，清泉女子大学文学部教授。著書に『「英語モード」でライティング』（講談社インターナショナル），共著に『クリティカル・シンキングと教育』（世界思想社），『パラグラフ・ライティング指導入門』（大修館）など。専門は英語教育学，ライティング教育。

熊本たま（くまもと　たま）元名古屋外国語大学教授
東京大学文学部心理学科卒業，ペンシルバニア大学教育学部大学院修士課程修了。理学修士（英語教育学）。名古屋外国語大学教授を退職し，現在，早稲田大学・武蔵大学・学習院大学などで非常勤講師として教鞭をとる。ライティング教育に関する論文多数。専門は英語教育学，ライティング教育。

なお，訳者全員は桐原書店発行，文部科学省検定教科書高等学校英語科用『Empower English Expression Ⅰ』（2018）と『Empower English Expression Ⅱ』（2019）の執筆者であり，さらに大井，熊本，松本の3名は同出版社発行の『World Trek Writing』（2005, 2009）の執筆者でもある。また，この3名は大学生用ライティング教科書『Writing Frontiers』（金星堂）の著者でもある。

7つの神話との決別　21世紀の教育に向けたイングランドからの提言

2019年3月5日　第1版第1刷発行

著　者	デイジー・クリストドゥールー
監訳者	松本佳穂子，ベバリー・ホーン
訳　者	大井恭子，熊本たま
発行者	浅野清彦
発行所	東海大学出版部 〒259-1292　神奈川県平塚市北金目4-1-1 TEL 0463-58-7811　FAX 0463-58-7833 URL http://www.press.tokai.ac.jp/ 振替　00100-5-46614
印刷所	株式会社 真興社
製本所	誠製本株式会社

Ⓒ Kahoko Matsumoto, Beverley Horne, Kyoko Oi and Tama Kumamoto, 2019
ISBN 978-4-486-02166-7

JCOPY ＜出版者著作権管理機構 委託出版物＞
本書の無断複製は著作権法上での例外を除き禁じられています．複製される場合は，そのつど事前に，出版者著作権管理機構（電話 03-5244-5088，FAX 03-5244-5089，e-mail: info@jcopy.or.jp）の許諾を得てください．